Jo-Jo

Mathematik 1

Übungsheft

Herausgegeben von
Joachim Becherer
Dr. Andrea Schulz

Erarbeitet von
Claudia Pfaffelhuber
auf der Grundlage
des Arbeitsheftes 1

Inhaltsverzeichnis

Der Zahlenraum bis 10 .... S. 3–20

Zahlen über 10 hinaus.................................... S. 21/22

Rechnen im Zahlenraum bis 10 .... S. 23–31

Körper .... S. 32/33

Der Zahlenraum bis 20 .... S. 34–39

Rechnen im Zahlenraum bis 20 (I) .... S. 40–45

Ebene Figuren .... S. 46–48

Rechnen im Zahlenraum bis 20 (II) .... S. 49–59

Symmetrie .... S. 60–62

Rechnen im Zahlenraum bis 20 (III) .... S. 63–67

Zeit und Kalender .... S. 68–70

Der Zahlenraum bis 100 .... S. 71/72

Erzählen und zählen

				‖‖ ‖‖

1	2	3	4	5	6	7	8	9	10

Zählen: Die Zahlen 1 bis 5

| 1 | 2 | 3 | 4 | 5 |

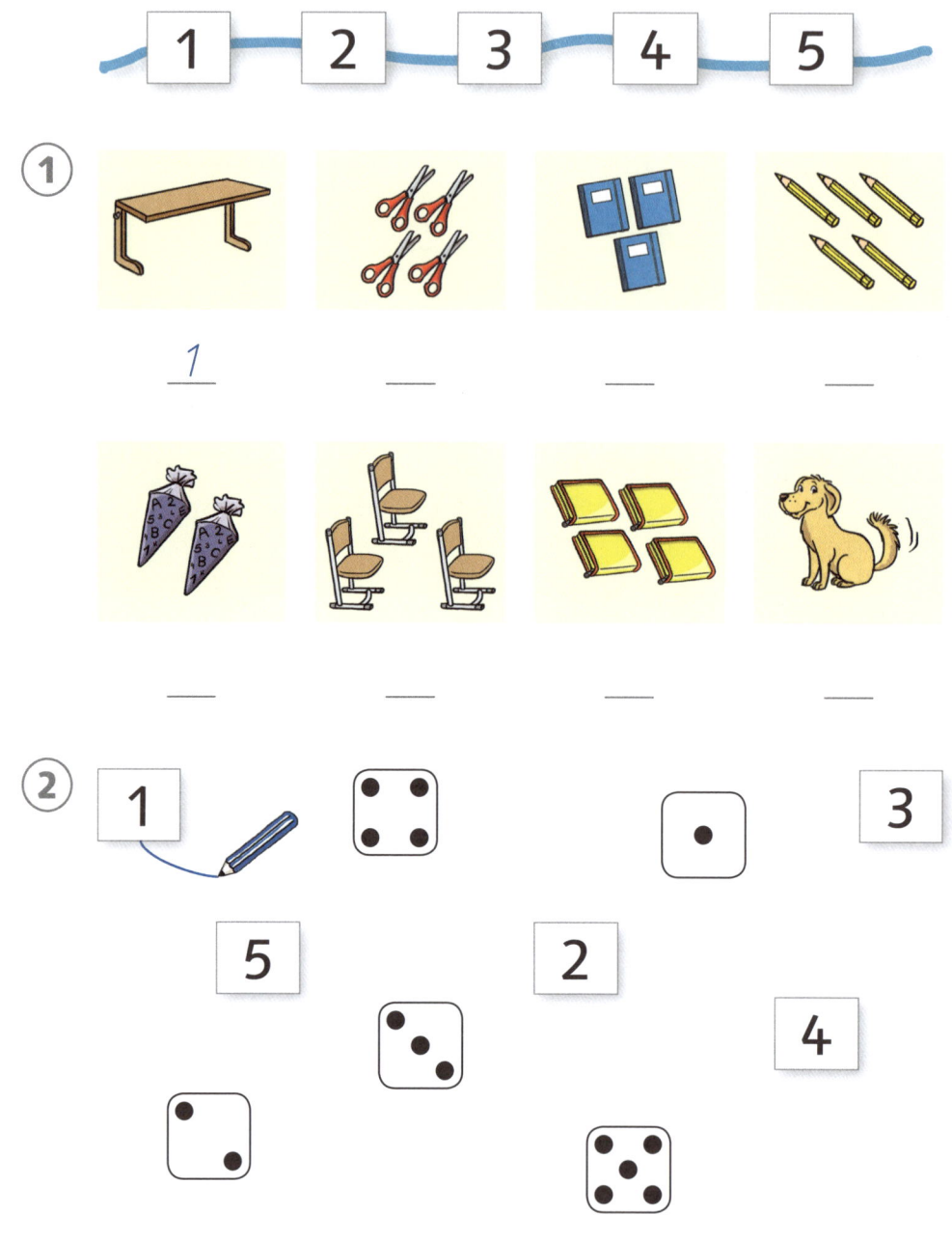

1

1

2

1

3

5

2

4

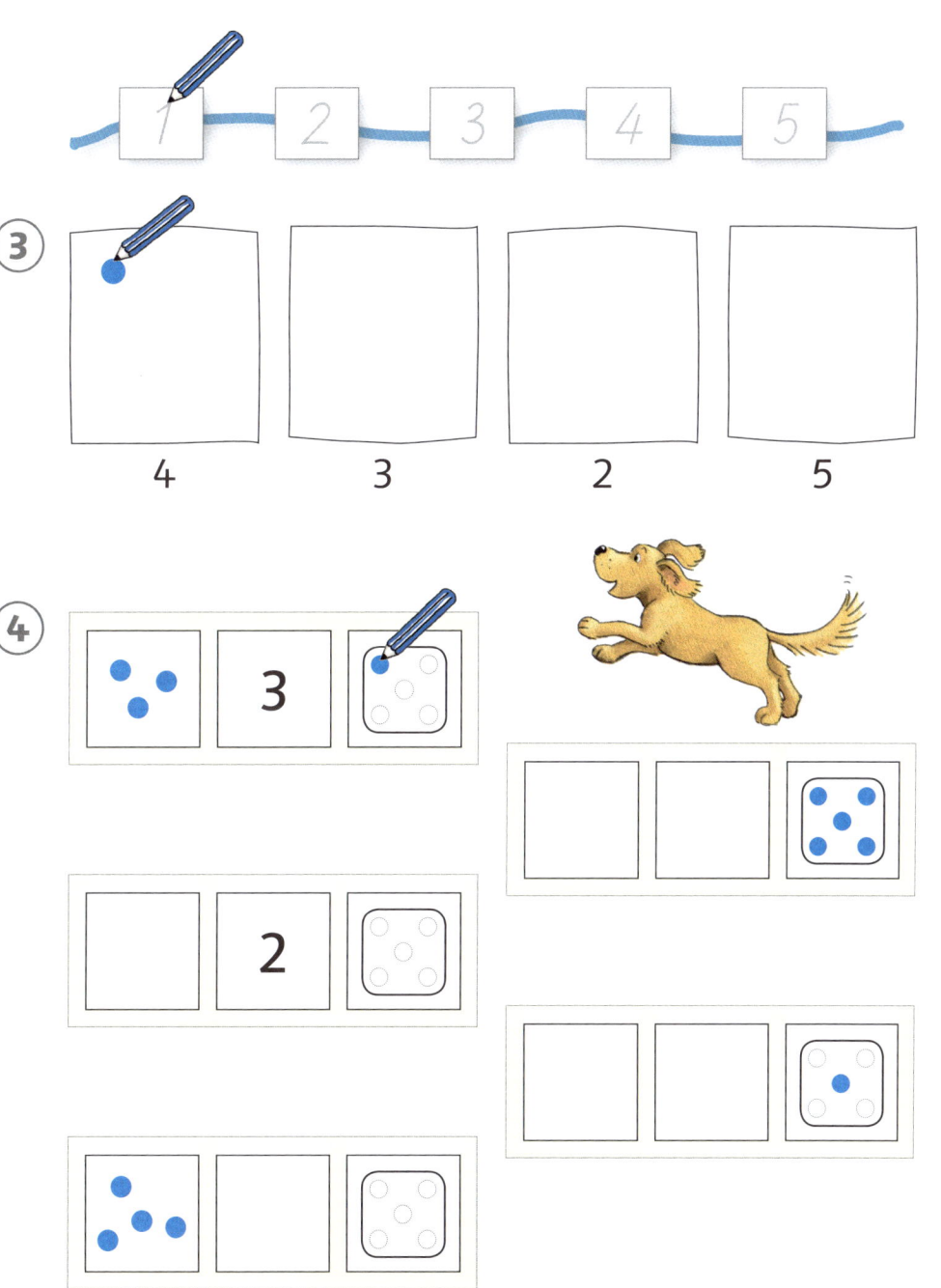

Zählen: Die Zahlen 6 bis 9

6   7   8   9

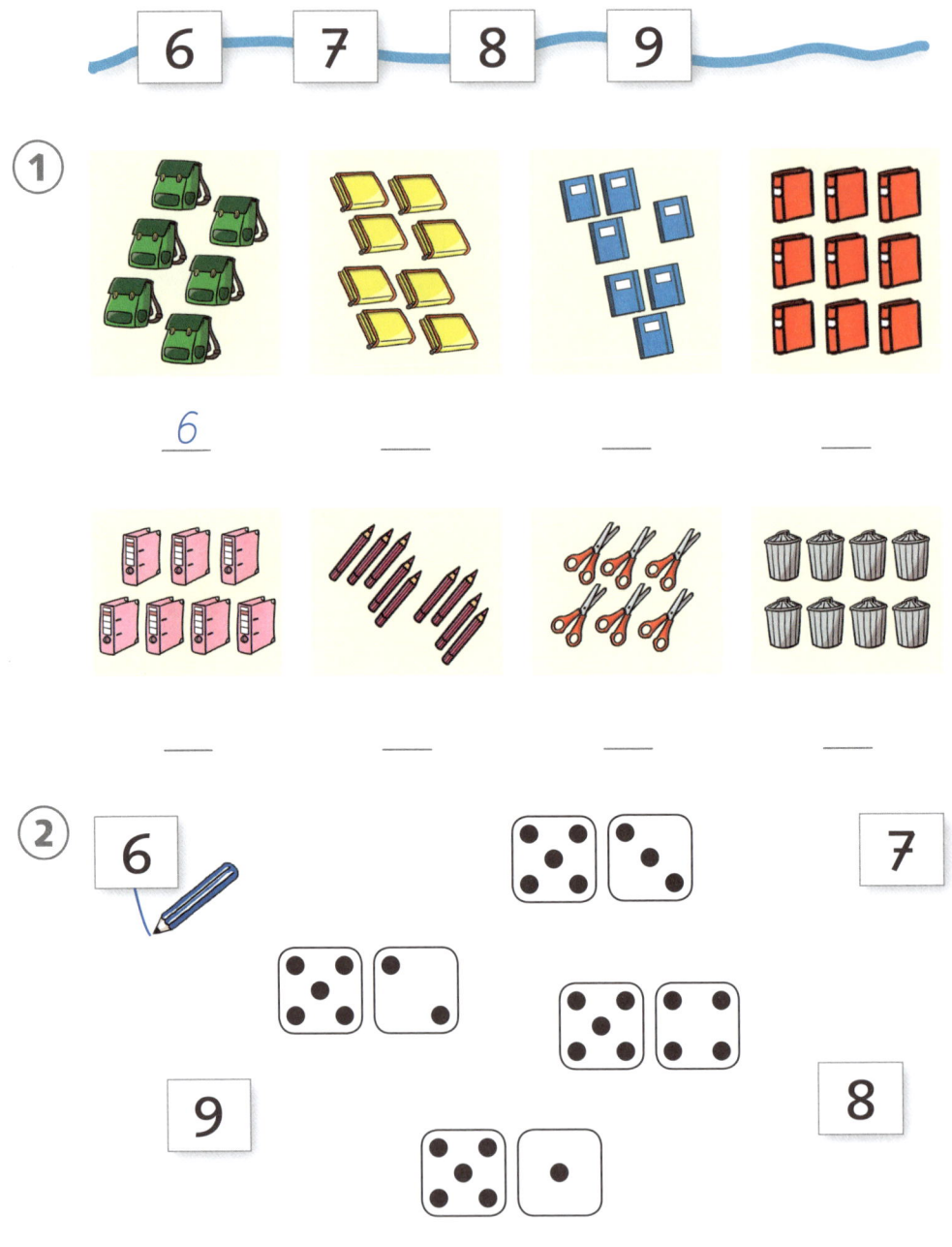

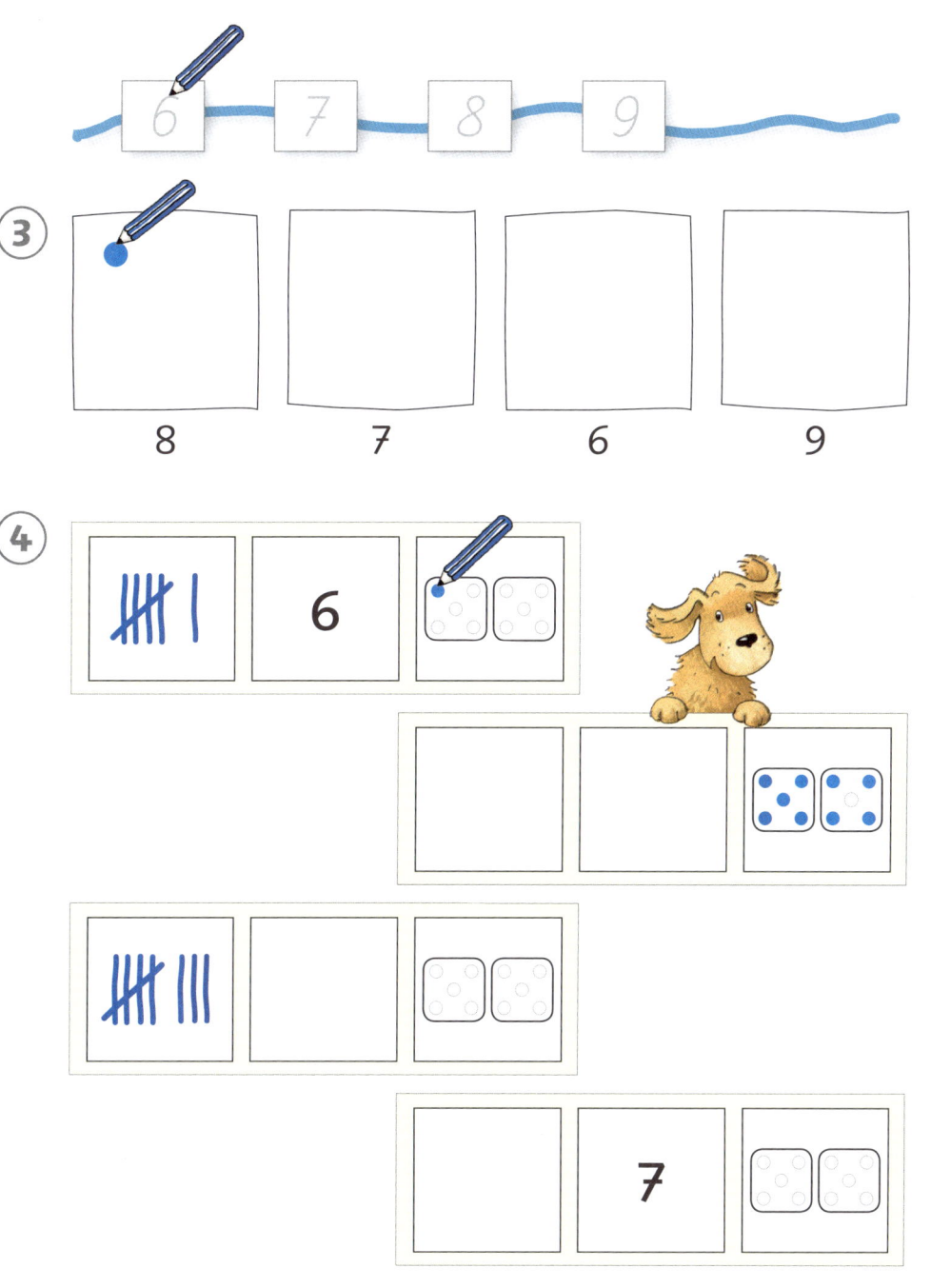

Die Zahlen von 0 bis 9

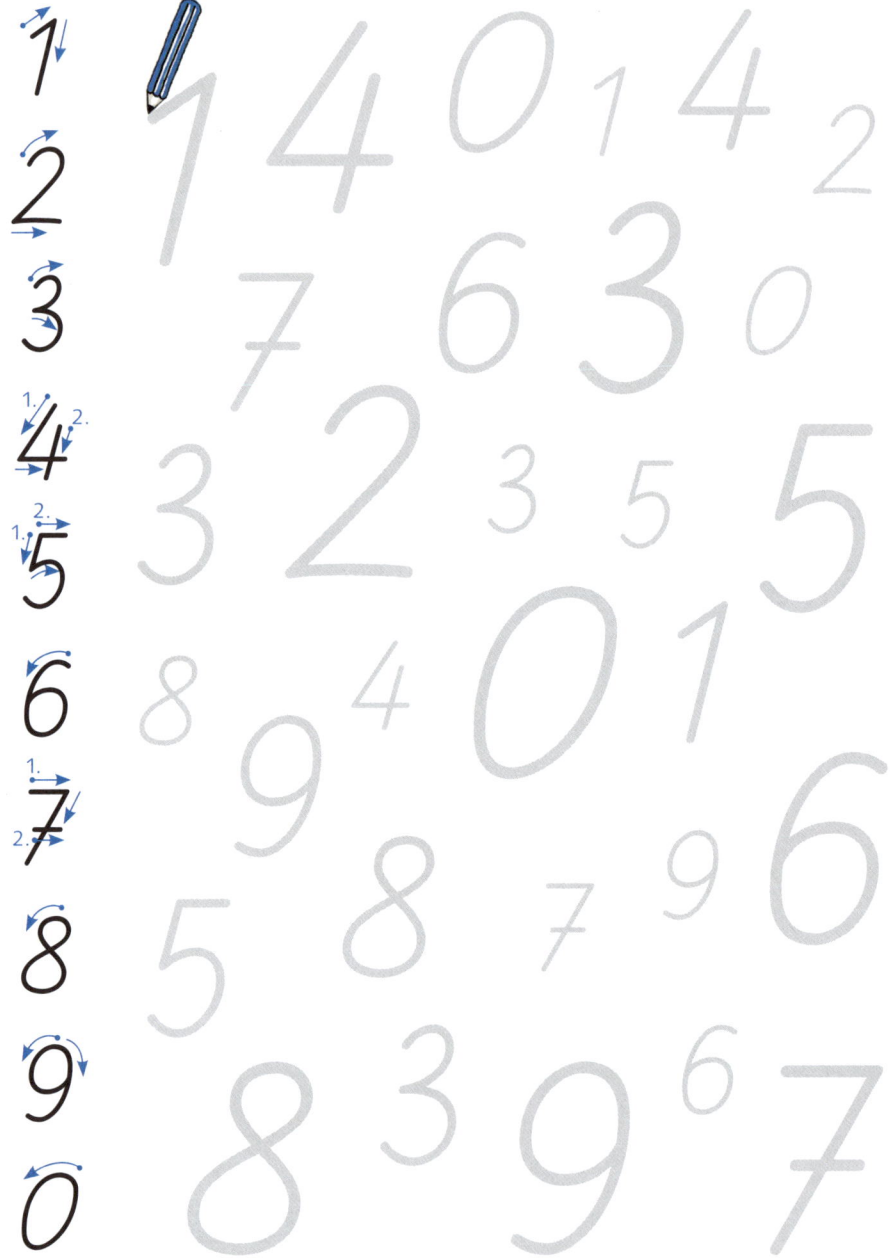

Der Zahlenraum bis 10

Zählen

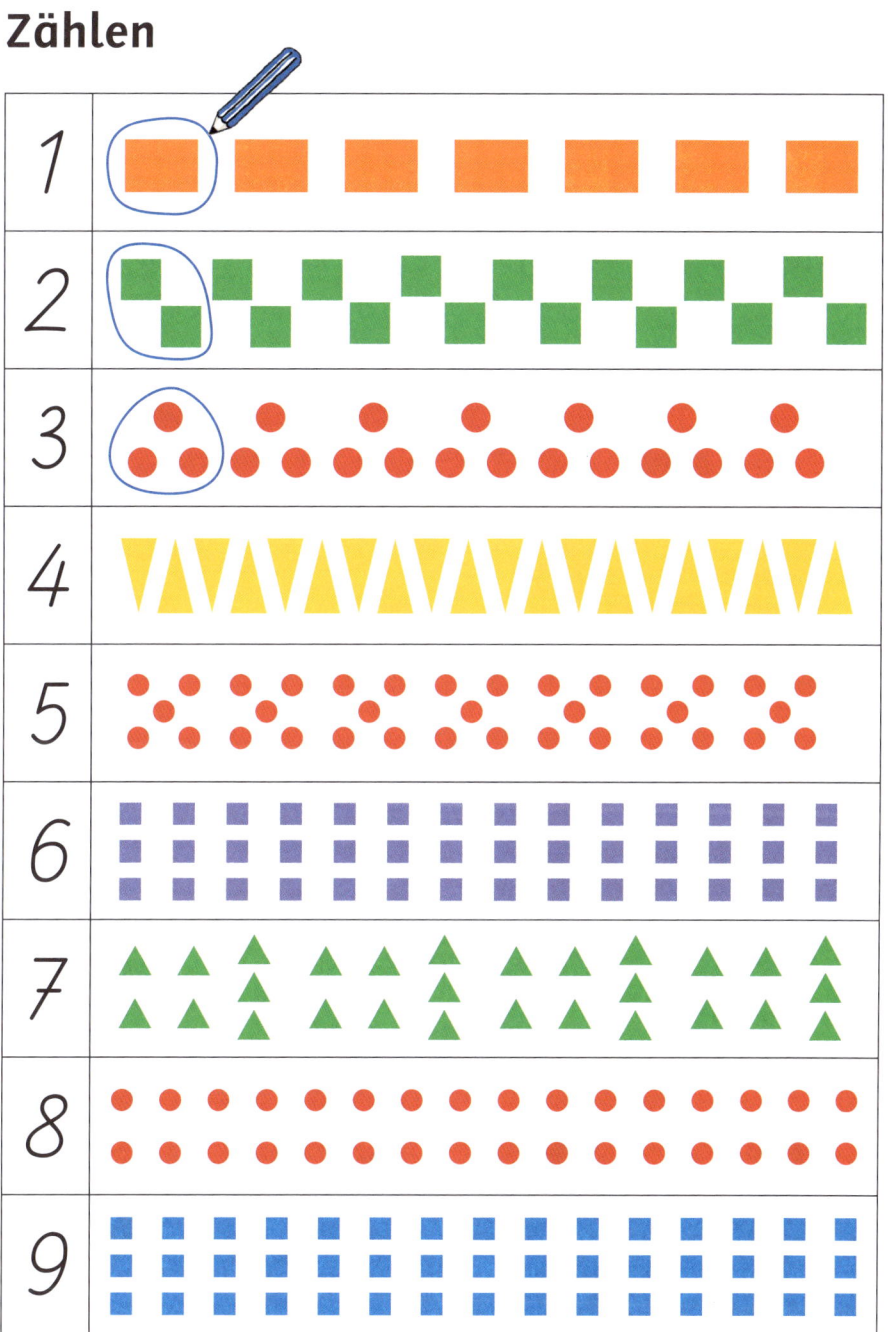

Zählen und malen

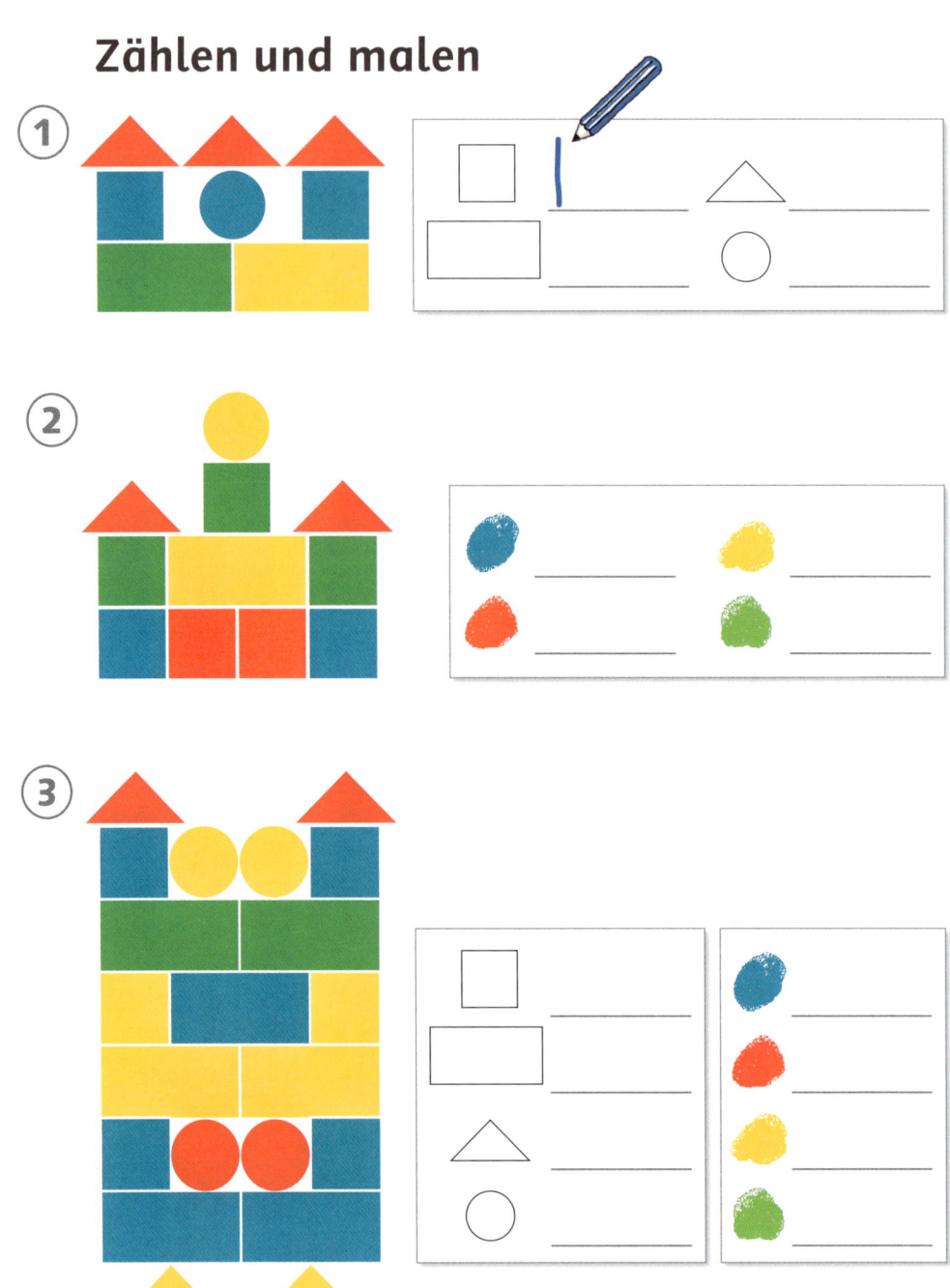

Lagebeziehungen (I)

(1) Links oder rechts? Male an.

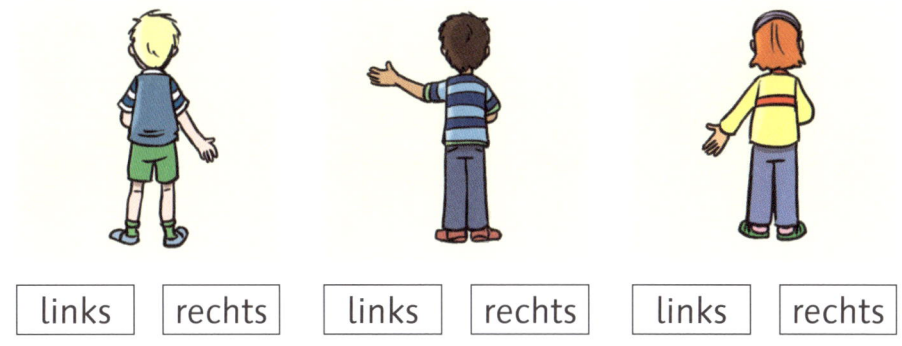

| links | rechts | | links | rechts | | links | rechts |

(2) Welche Hand? Male an.

| links | rechts | | links | rechts | | links | rechts |

(3) Welcher Fuß? Male an.

| links | rechts | | links | rechts | | links | rechts |

Lagebeziehungen (II)

(1) Links oder rechts? Male an.

links	rechts

links	rechts

links	rechts

(2)

links	rechts

links	rechts

links	rechts

(3)

links	rechts

links	rechts

links	rechts

Anzahlen darstellen

1

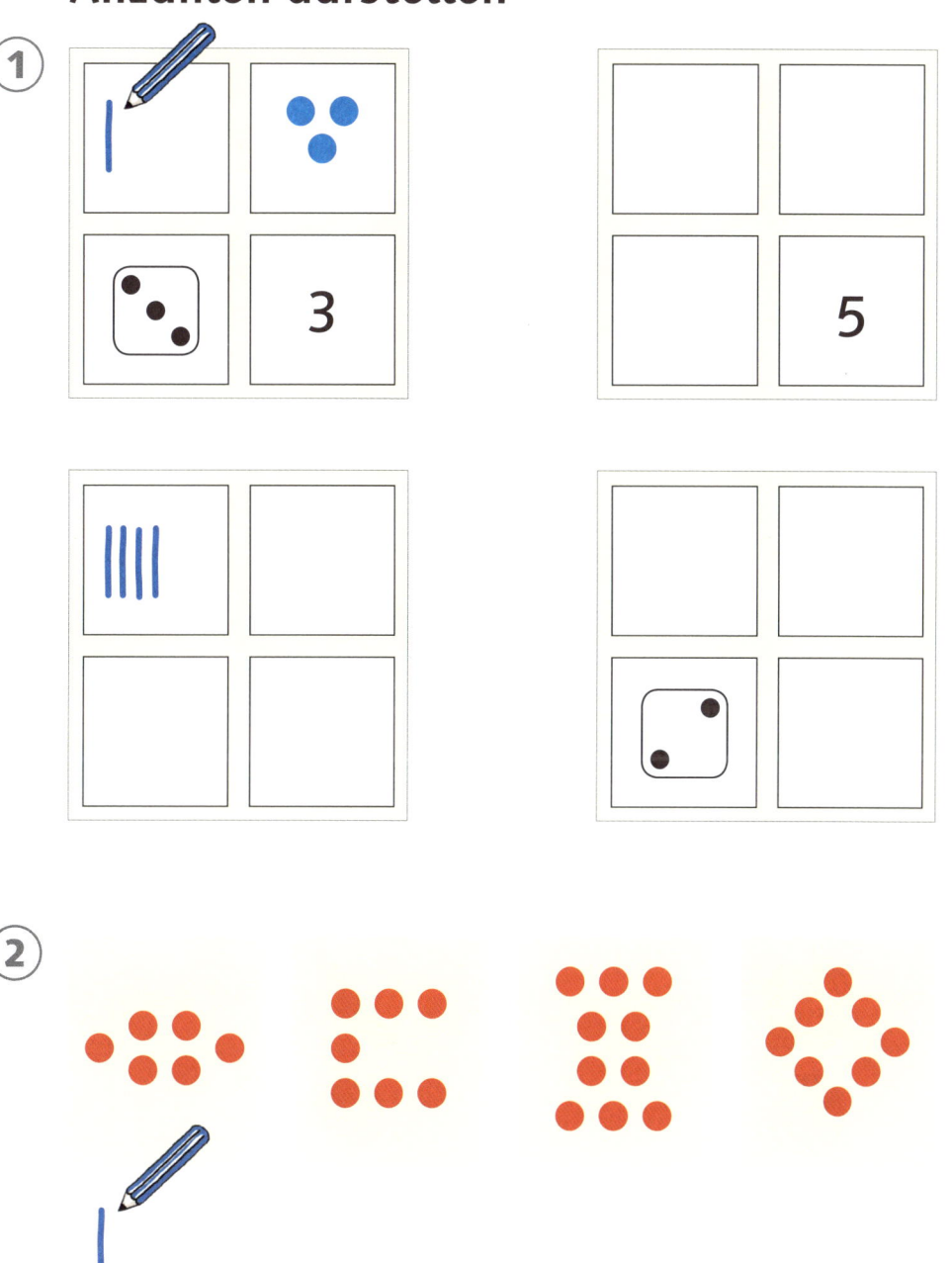

2

Die Zahlen 1 bis 10

In der ersten Zeile der linken Tabelle: Birne — Strichliste (5 und 1) — 6

Fünf und mehr

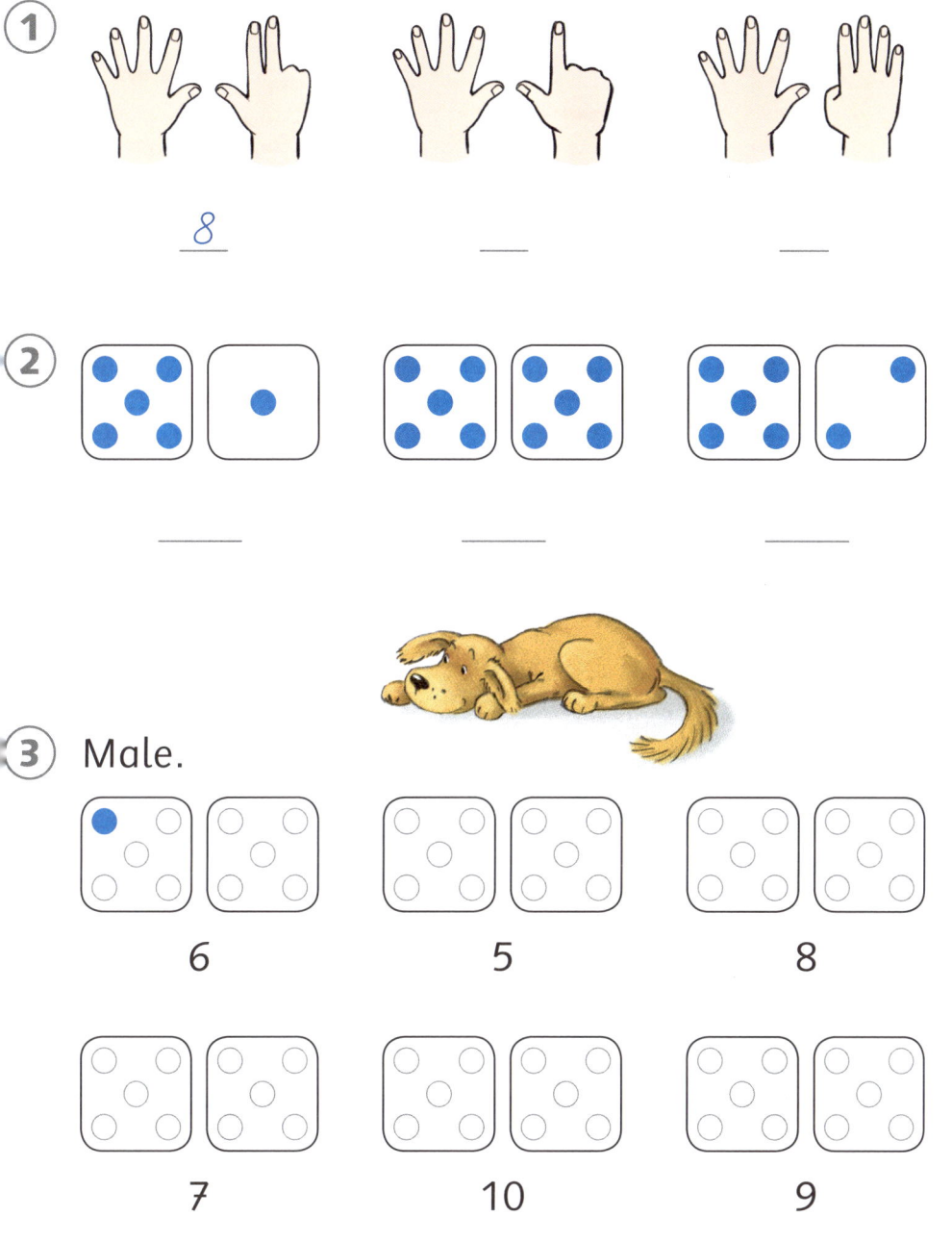

(1) _8_ ___ ___

(2) ___ ___ ___

(3) Male.

6   5   8

7   10   9

Zahlzerlegungen

1

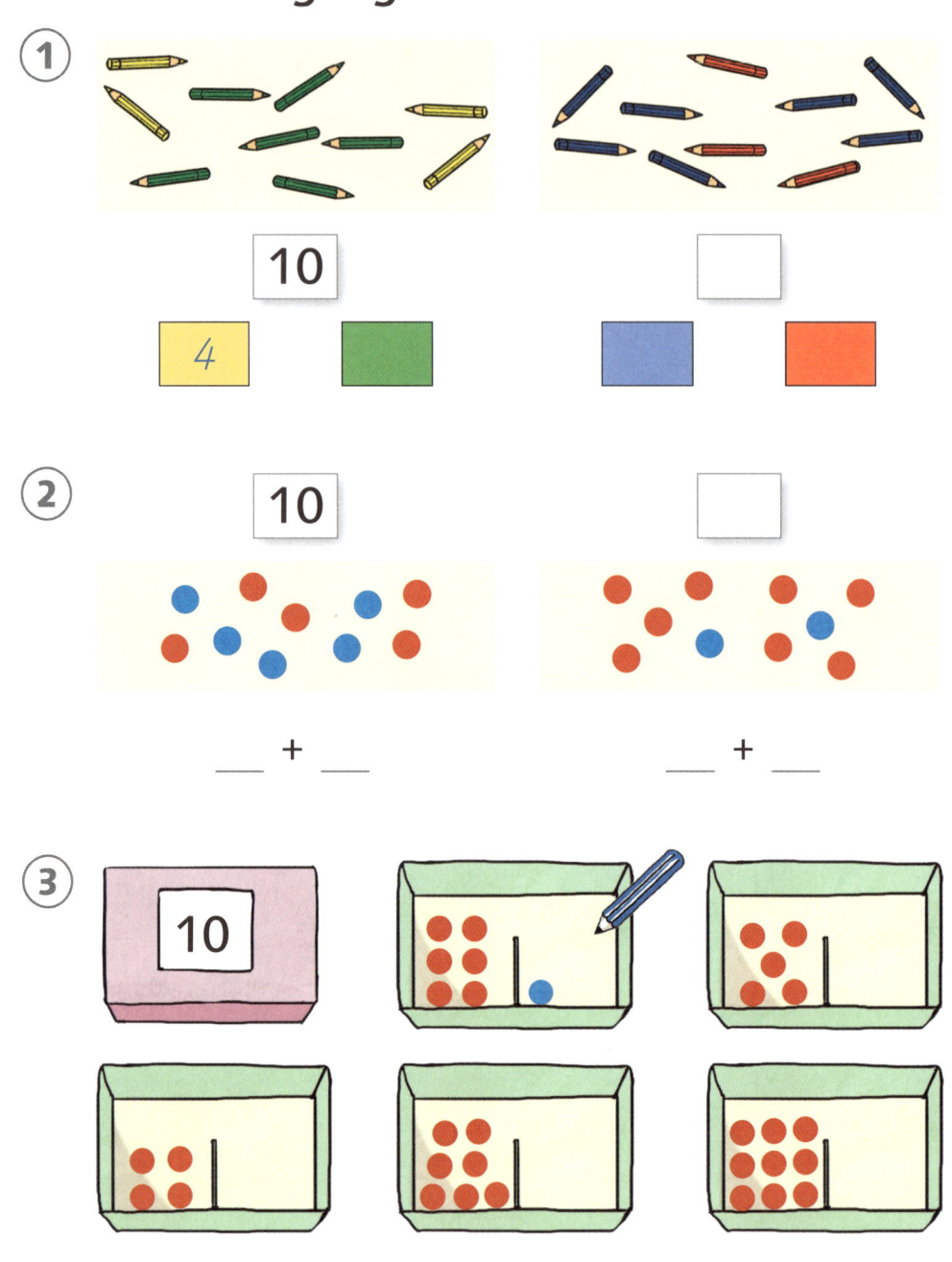

10

| 4 | | | |

2

10

___ + ___   ___ + ___

3

10

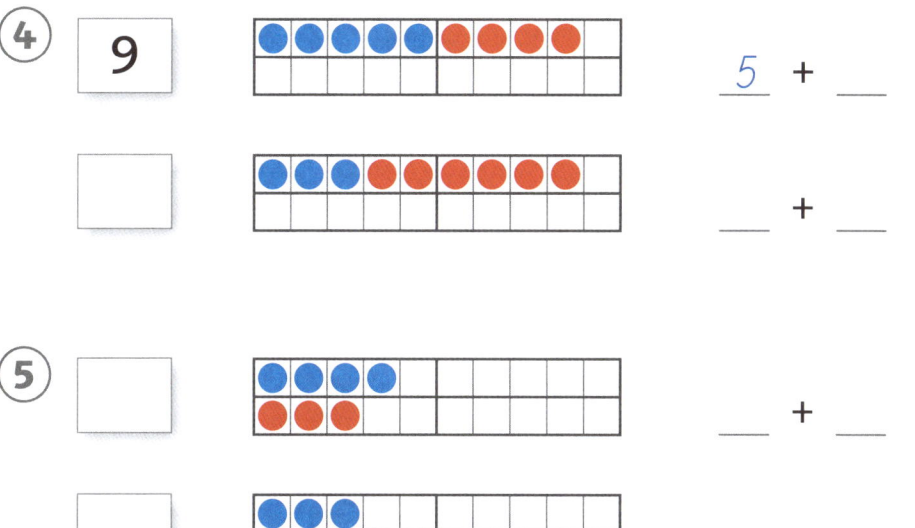

(4) 9 5 + ___

    ___ + ___

(5)   ___ + ___

    ___ + ___

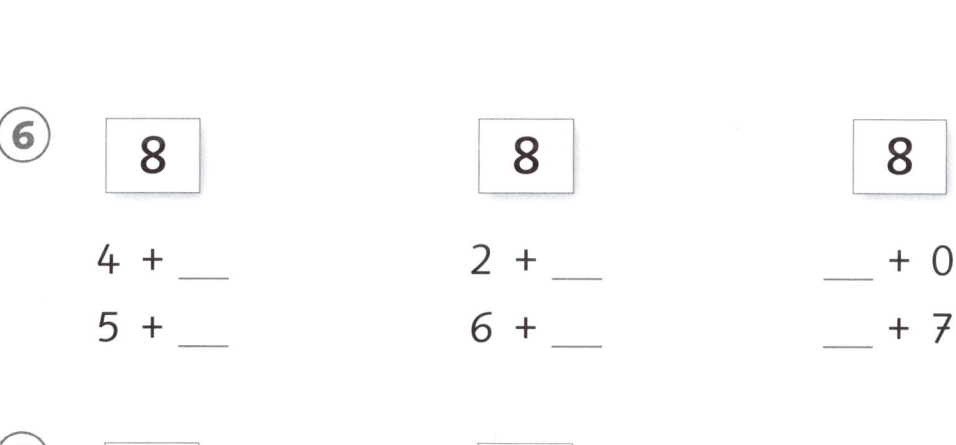

(6)

8	8	8
4 + ___	2 + ___	___ + 0
5 + ___	6 + ___	___ + 7

(7)

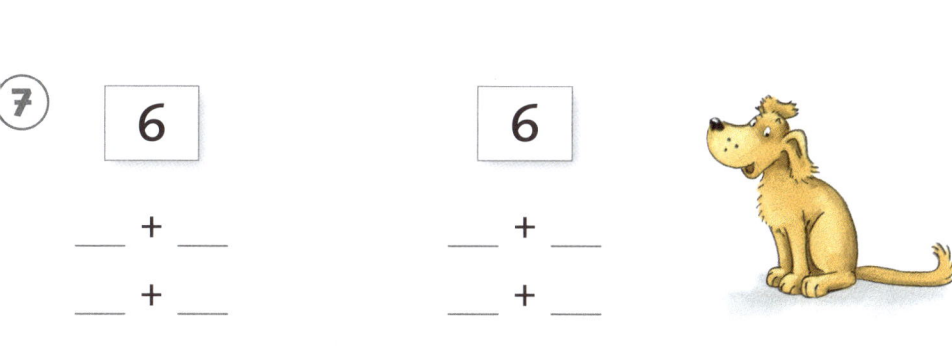

6	6
___ + ___	___ + ___
___ + ___	___ + ___

Zahlenreihe, Vorgänger und Nachfolger

① | 0 | *1* | ☐ | ☐ | ☐ | 5 | ☐

② | 2 | 3 | ☐   7 | ☐ | 9

③ | 8 | 7 | ☐   5 | 4 | ☐

7 | ☐ | 5   ☐ | 1 | 0

④ | ☐ | 4 | ☐   7 | ☐ | ☐

⑤

3	4	☐
6	☐	☐
☐	☐	9

Vorgänger	Zahl	Nachfolger
3	4	

Zahlen vergleichen

1 > oder < oder =?

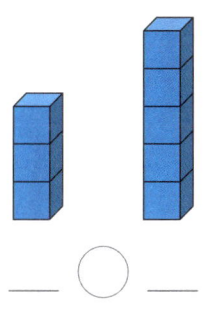 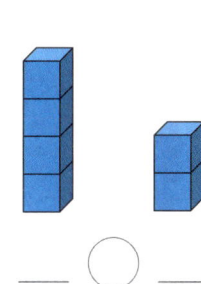 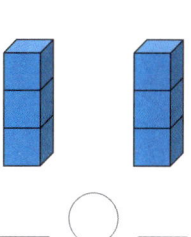

___ ◯ ___   ___ ◯ ___   ___ ◯ ___

2 Male und vergleiche.

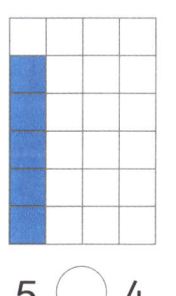 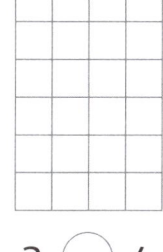 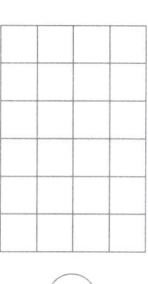

5 ◯ 4   3 ◯ 4   6 ◯ 6

3 6 ◯ 2   8 ◯ 8   8 ◯ 6

5 ◯ 9   4 ◯ 7   3 ◯ 4

7 ◯ 5   10 ◯ 9   7 ◯ 7

Zahlen ordnen

①

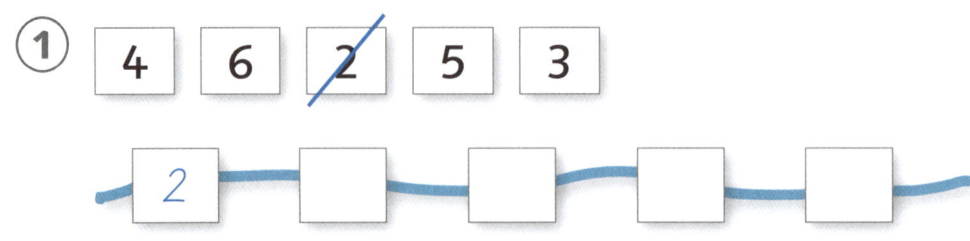

| 4 | 6 | ~~2~~ | 5 | 3 |

| *2* | | | | |

②

| 5 | ~~7~~ | 3 | 6 | 4 |

| *7* | | | | |

③

| 10 | 3 | 5 | ~~1~~ | 7 |

1 < __ < __ < __ < ____

④

| 2 | 6 | 5 | ~~9~~ | 8 |

9 > __ > __ > __ > __

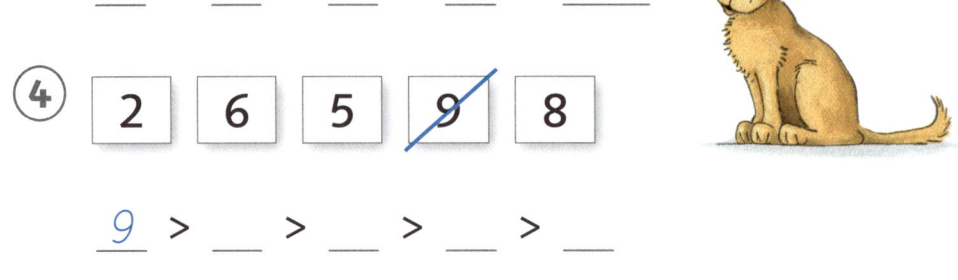

⑤ 6, 8, 4, 10, ~~1~~   *1* < __ < __ < __ < ____

2, 4, 7, 3, 9   __ > __ > __ > __ > __

Zählen bis 20

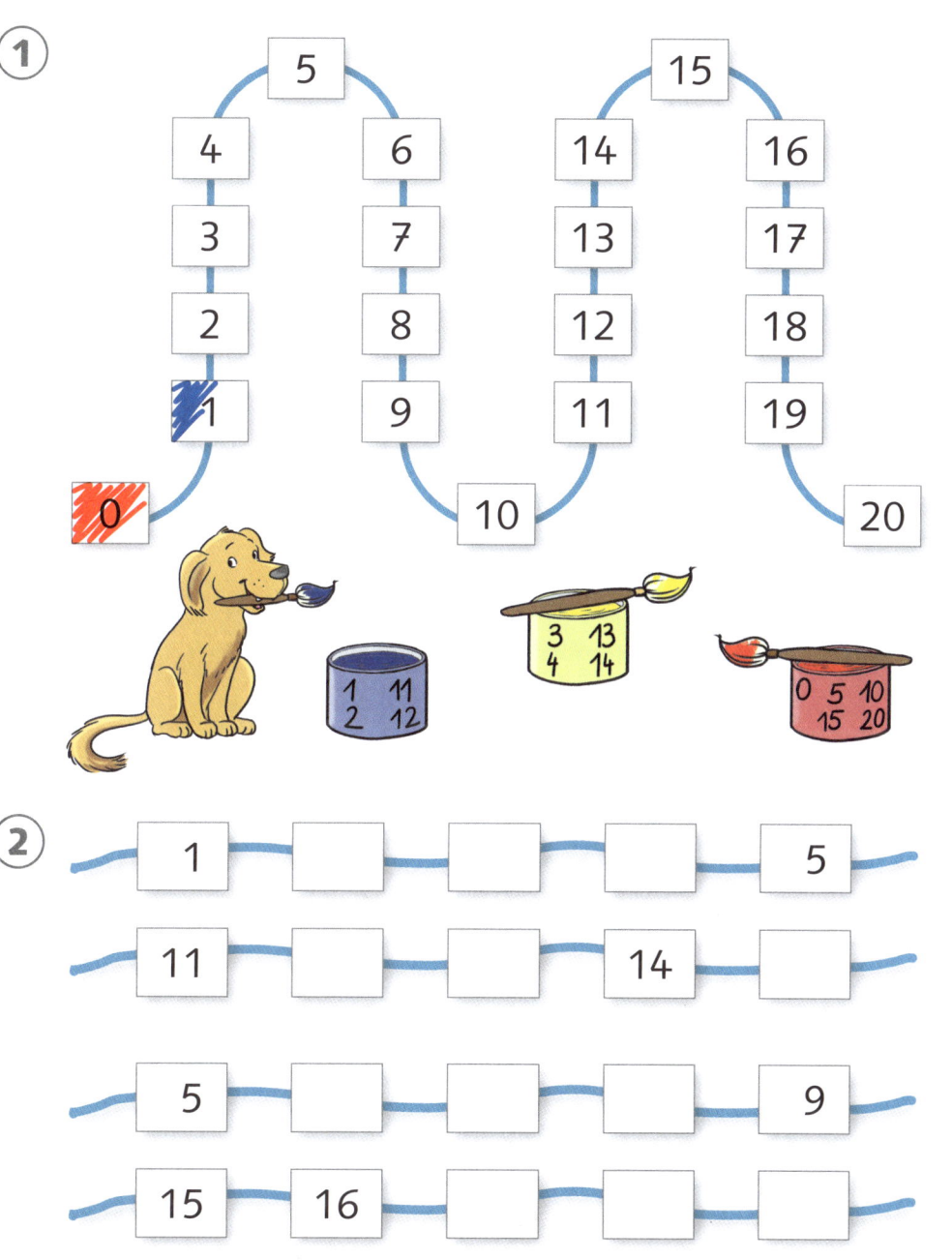

①

5	15
4	6	14	16
3	7	13	17
2	8	12	18
1	9	11	19
0	10		20

3 13
4 14

1 11
2 12

0 5 10
15 20

②

1				5

11			14	

5				9

15	16			

Verdoppeln und halbieren

(1)

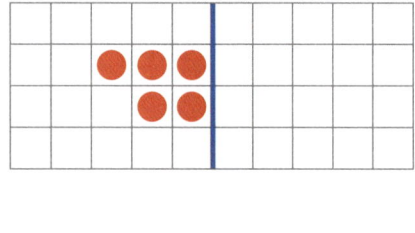

$\underline{\quad 6 \quad}$ $\underline{\quad 6 \quad}$

$\underline{\quad 12 \quad}$

$\underline{\qquad}$ $\underline{\qquad}$

$\underline{\qquad}$

(2)

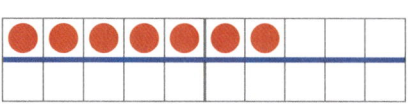

$\underline{\qquad}$

$\underline{\qquad}$

$\underline{\qquad}$

$\underline{\qquad}$

(3)

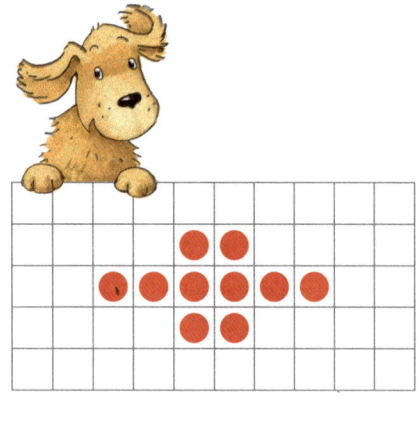

$\underline{\quad 8 \quad}$

$\underline{\quad 4 \quad}$ $\underline{\quad 4 \quad}$

$\underline{\qquad}$

$\underline{\qquad}$ $\underline{\qquad}$

Einführung der Addition

1

___ + ___ = ___

2

___ + ___ = ____

3

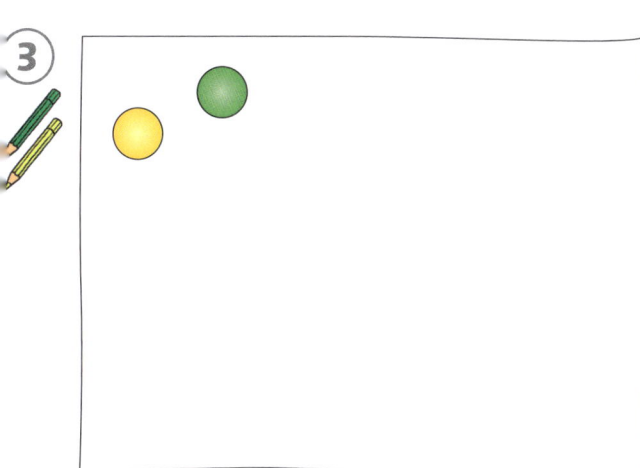

5 + 2 = ____

Übungen zur Addition

①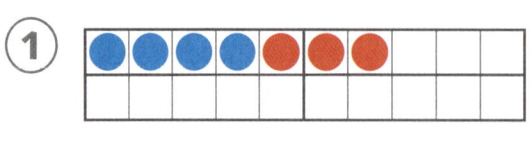

___ + ___ = ___

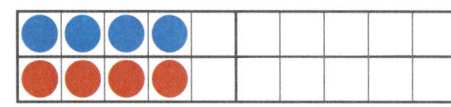

___ + ___ = ___

②

5 + 3 = ___

7 + 2 = ___

③

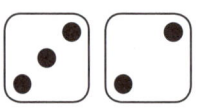      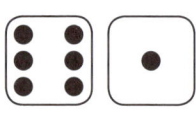

___ + ___ = ___   ___ + ___ = ___   ___ + ___ = ___

④ Rechne die Aufgabe und die Tauschaufgabe.

_____   _____

_____   _____   _____

5 2 + 4 = ___   5 + 4 = ___   2 + 7 = ___
6 + 1 = ___   3 + 3 = ___   9 + 1 = ___

6

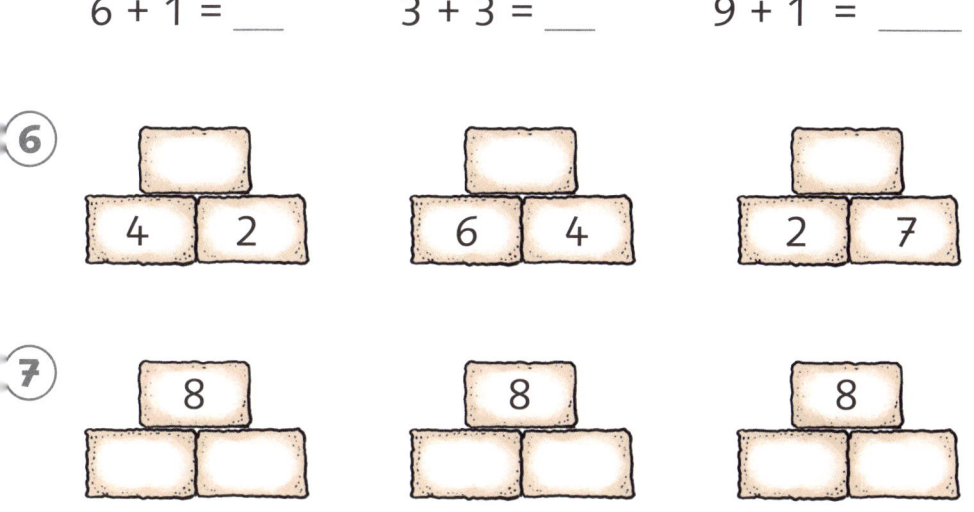

7

8 Rechne und male.

4 + 3	7 + 1	8 + 0	6 + 1
3 + 5	9 + 0	1 + 8	6 + 2
3 + 6	2 + 5	0 + 7	5 + 4

Einführung der Subtraktion

1

___ – ___ = ___

2

___ – ___ = ___

3

6 – 2 = _____

Übungen zur Subtraktion

1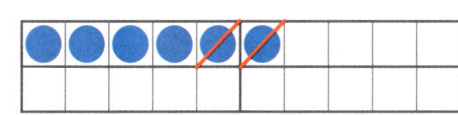

$9 - 3 =$ __

__ $-$ __ $=$ __

2 Streiche durch und rechne.

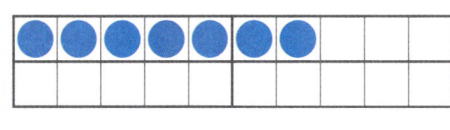

$7 - 2 =$ __

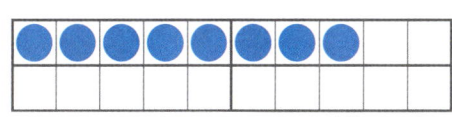

$8 - 4 =$ __

3

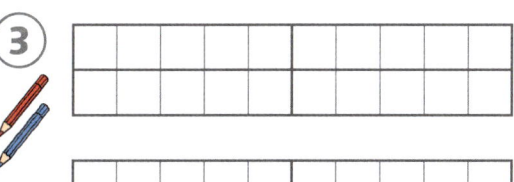

$6 - 5 =$ __

$10 - 6 =$ __

4

$5 - 1 =$ __	$7 - 4 =$ __	$10 - 1 =$ __
$5 - 2 =$ __	$8 - 4 =$ __	$10 - 2 =$ __
$5 - 3 =$ __	$9 - 4 =$ __	$10 - 3 =$ __

Übungen zur Addition und Subtraktion

①

5 + 2 = ___   3 + 5 = ___   1 + 6 = ___

7 – 2 = ___   8 – ___ = ___   7 – ___ = ___

②

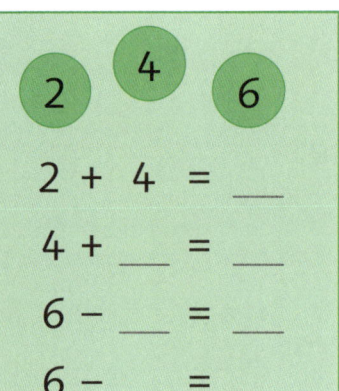

2 + 4 = ___   ___ + ___ = ___

4 + ___ = ___   ___ + ___ = ___

6 – ___ = ___   ___ – ___ = ___

6 – ___ = ___   ___ – ___ = ___

③

3 + 3 = ___   8 – 4 = ___

3 + 4 = ___   7 – 3 = ___

4 + 4 = ___   6 – 3 = ___

4 + 5 = ___   6 – 2 = ___

④

Vorsicht, 4 Fehler!

4 + 3 = 7   ___   10 – 2 = 9   ___

3 + 2 = ~~6~~   5   4 – 2 = 2   ___

5 + 5 = 10   ___   8 – 3 = 5   ___

10 + 0 = 0   ___   7 – 6 = 2   ___

---

28   Rechnen im Zahlenraum bis 10

(5)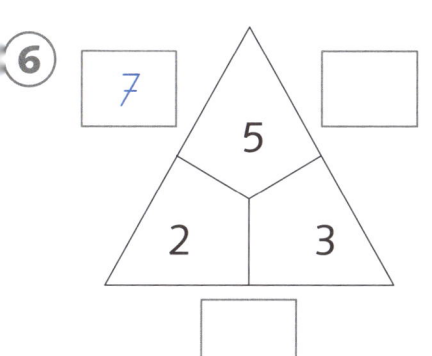

$$3 + \underline{} = 4 \qquad 4 + \underline{} = 8$$
$$3 + \underline{} = 5 \qquad 5 + \underline{} = 9$$
$$3 + \underline{} = 8 \qquad 3 + \underline{} = 8$$

(6)

```
  7          
     5              9
  2     3        1     0
```

(7)

```
      9        6
5  5      3    2
```

(8)

$$9 - \underline{} = 2 \qquad 8 - \underline{} = 4$$
$$9 - \underline{} = 5 \qquad 7 - \underline{} = 5$$
$$9 - \underline{} = 3 \qquad 8 - \underline{} = 2$$

Legen und rechnen mit Geld

①

___ Cent   ___ Cent

② Immer 9 Cent.

③ Male.

10 Cent   ⑤ ② ① ○

10 Cent

10 Cent

(4)

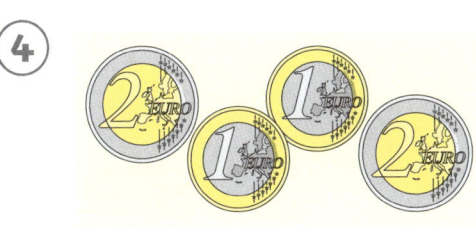 

___ Euro   ___ Euro

(5) Immer 8 Euro.

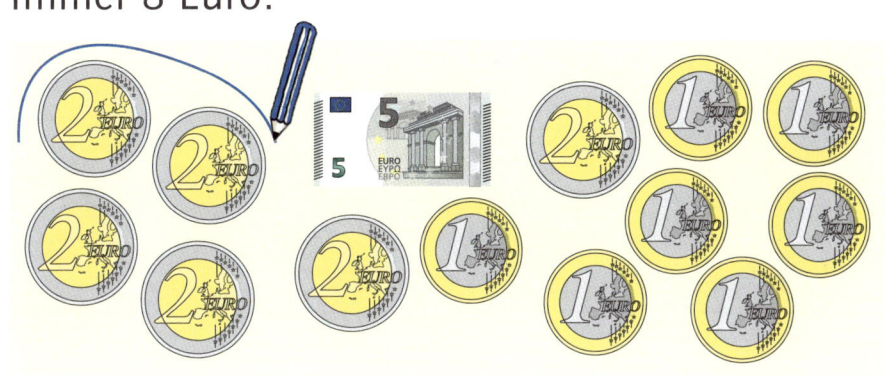

(6) Male.

| 10 Euro | 5 | 2 | 2 | ◯ |

10 Euro

10 Euro

Würfel, Quader, Zylinder und Kugel

1 Räume auf.

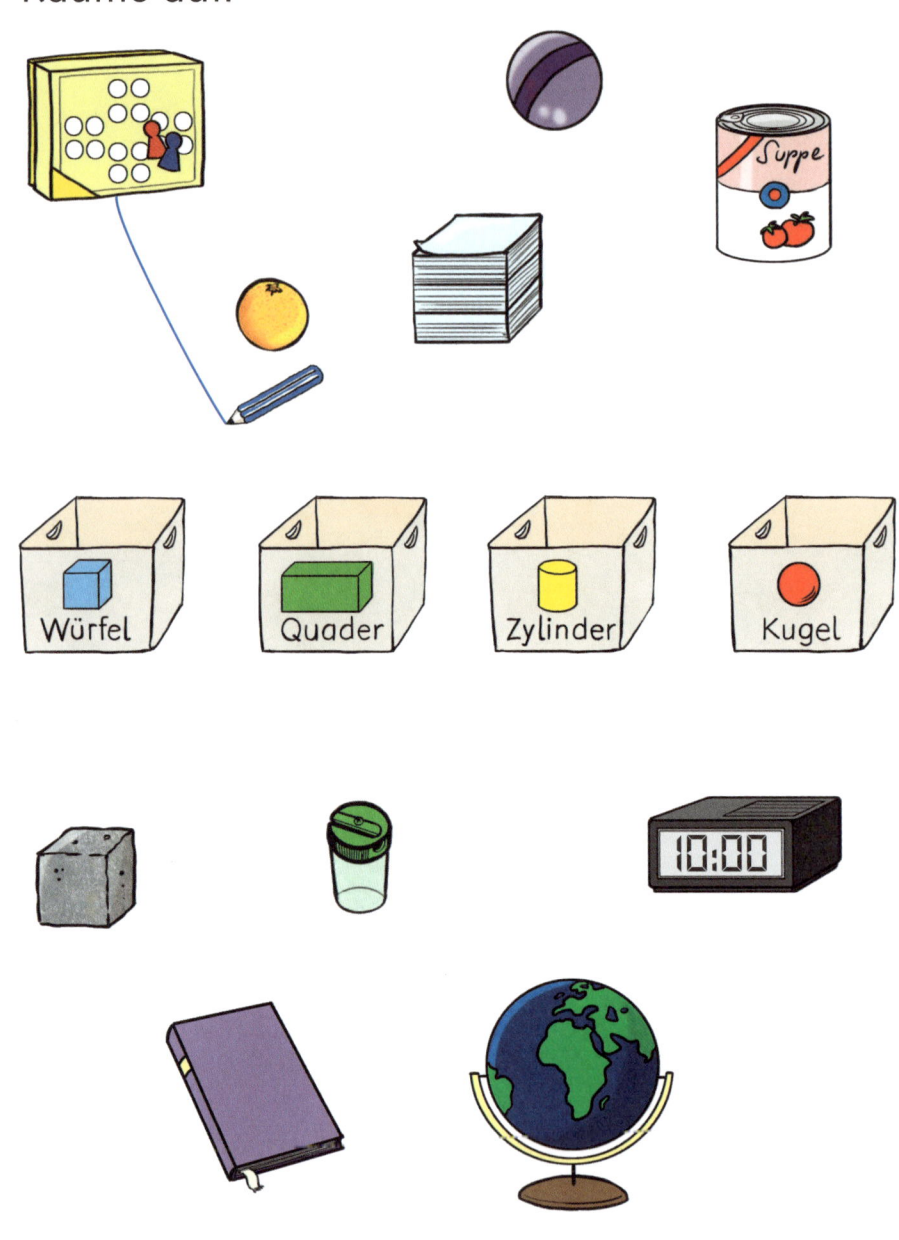

Körper erkennen

① Zähle.

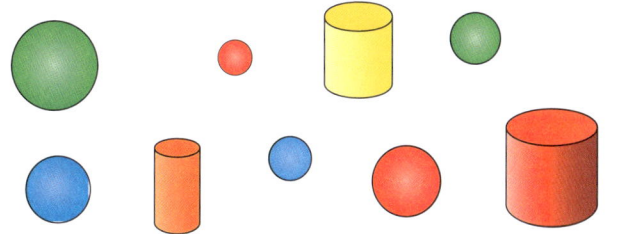 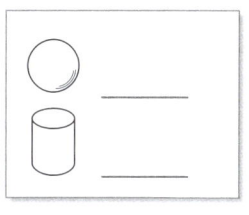

**② **

③ Male und zähle.

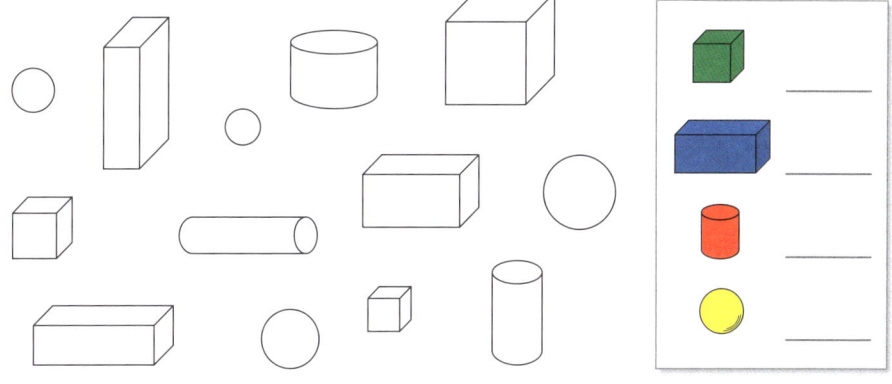

Die Zahlen 11 bis 20

1

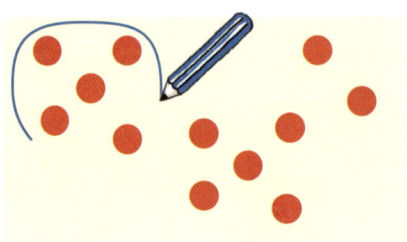

Z	E
1	*2*
_____

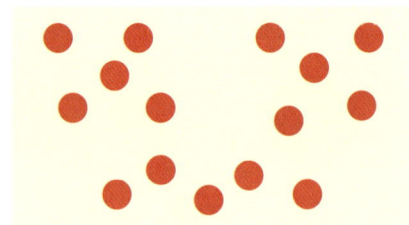

Z	E
_____

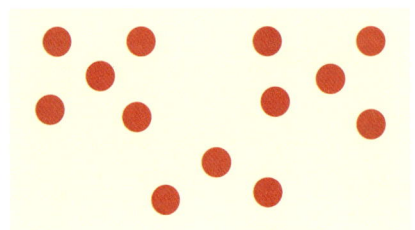

Z	E
_____

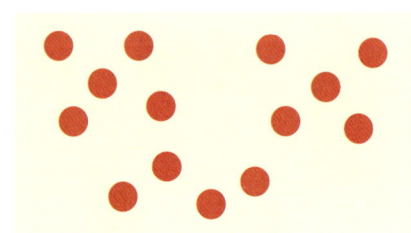

Z	E
_____

2

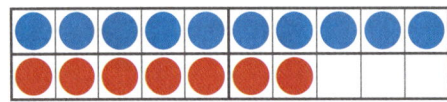   10 + ___ = _____

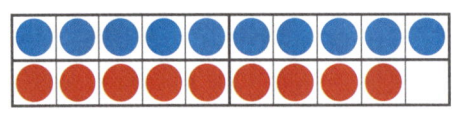   10 + ___ = _____

10 + _____ = _____

Zehner und Einer

(1)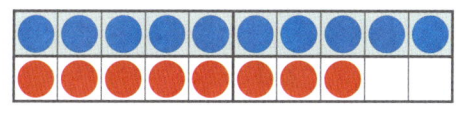

Z	E
1	*6*

sech**zehn**

10 + ___ = _____

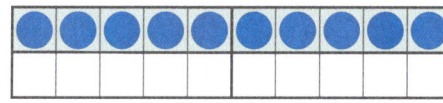

Z	E

acht**zehn**

10 + ___ = _____

(2) Male und ergänze.

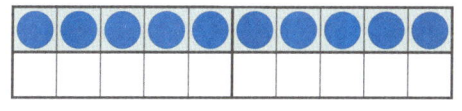

Z	E

fünf**zehn**

Z	E

drei**zehn**

Z	E

neun**zehn**

(3)

10 + 1 = _____	10 + ___ = 17	13 − 3 = _____
10 + 9 = _____	10 + ___ = 15	16 − 6 = _____
10 + 10 = _____	10 + ___ = 18	14 − 4 = _____

Zwanzigerfeld und Zwanzigertafel

1 Male.

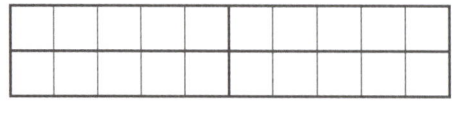

15 = _10_ + ___

20 = ___ + ___

2

1	2								
	12								20

3

4

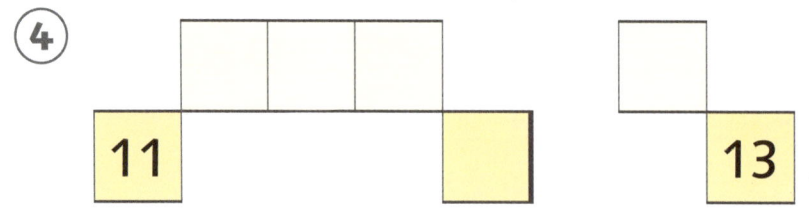

Vom Zwanzigerfeld zum Zahlenstrahl

①

| 3 | 7 | 11 | 16 | 19 |

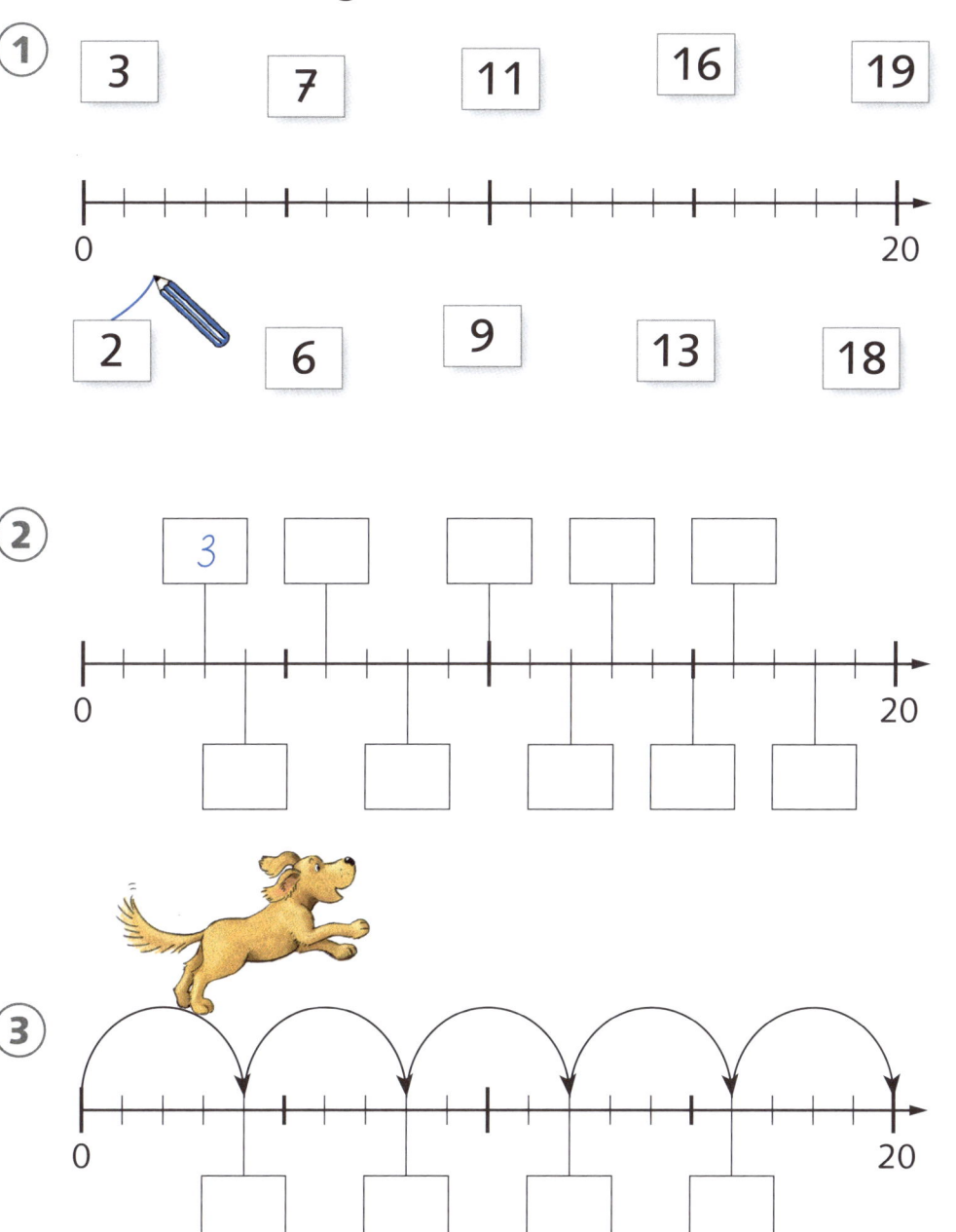

| 2 | 6 | 9 | 13 | 18 |

②

3

③

Zahlen vergleichen und ordnen

1 > oder < oder =?

10 ◯ 11   12 ◯ 11   13 ◯ 15

14 ◯ 13   20 ◯ 20   16 ◯ 16

17 ◯ 17   16 ◯ 17   20 ◯ 19

19 ◯ 18   14 ◯ 10   18 ◯ 13

2

~~7~~   20   17   11   _7_ < ____ < ____ < ____

15   11   18   19   ____ > ____ > ____ > ____

3 10, ~~8~~, 15, 13, 9   _8_ < __ < ____ < ____ < ____

5, 11, 10, 1, 15   __ < __ < ____ < ____ < ____

12, 18, 9, 20, 2   ____ > ____ > ____ > __ > __

13, 20, 19, 3, 9   ____ > ____ > ____ > __ > __

Ordnungszahlen

1

SAAL 1

1.

2

1.

3

1.

🔵 1., 4., 8., 9.   🟡 2., 6., 11., 12.

🔴 3., 5., 7., 10.

Addieren im Zahlenraum bis 20

1 Rechne.

$4 + 3 = \underline{\quad}$

$14 + 3 = \underline{\quad\quad}$

2

$1 + 6 = \underline{\quad}$

$\underline{11} + \underline{6} = \underline{\quad\quad}$

$3 + 2 = \underline{\quad}$

$\underline{\quad\quad} + \underline{\quad} = \underline{\quad\quad}$

3 $6 + 2 = \underline{\quad}$ $3 + 5 = \underline{\quad}$ $5 + 4 = \underline{\quad}$

$16 + 2 = \underline{\quad\quad}$ $13 + 5 = \underline{\quad\quad}$ $15 + 4 = \underline{\quad\quad}$

4 $11 + 2 = \underline{\quad\quad}$ $14 + 4 = \underline{\quad\quad}$ $13 + 3 = \underline{\quad\quad}$

$11 + 4 = \underline{\quad\quad}$ $15 + 3 = \underline{\quad\quad}$ $15 + 2 = \underline{\quad\quad}$

$13 + 4 = \underline{\quad\quad}$ $19 + 1 = \underline{\quad\quad}$ $17 + 3 = \underline{\quad\quad}$

5 Tauschaufgabe?

2 + 14 = _____   16 + 3 = _____

11 + 4 = _____   3 + 17 = _____

5 + 12 = _____   14 + 5 = _____

6 Immer 3 Karten gehören zusammen.
Male und ergänze.

4 + 11	3 + 17	5 + 12

_____	_____	17

12 + 5	18	11 + 2	___ + ___

8 + 10	___ + ___	17 + 3	2 + 11

20	13	___ + ___	10 + 8

7

+	4	5	6
11	15		
13			

+	3		5
12		16	
15			

Subtrahieren im Zahlenraum bis 20

1 Rechne.

$4 - 3 =$ ___

$14 - 3 =$ ___

2

$7 - 4 =$ ___

$17 - 4 =$ ___

$8 - 6 =$ ___

___ $-$ ___ $=$ ___

3
$7 - 3 =$ ___	$5 - 4 =$ ___	$9 - 8 =$ ___
$17 - 3 =$ ___	$15 - 4 =$ ___	$19 - 8 =$ ___

4
$13 - 2 =$ ___	$17 - 2 =$ ___	$20 - 5 =$ ___
$19 - 5 =$ ___	$18 - 7 =$ ___	$17 - 5 =$ ___
$16 - 4 =$ ___	$19 - 6 =$ ___	$20 - 7 =$ ___

(5) Kleine Aufgabe – große Aufgabe.
Male und rechne.

| 19 – 6 = ____ | 18 – 4 = ____ | 6 – 2 = __ |

| 8 – 3 = __ | 9 – 6 = __ |

| 8 – 4 = __ | 16 – 2 = ____ | 18 – 3 = ____ |

(6)

| 15 – 2 = ____ | 18 – 4 = ____ |

| 15 – 3 = ____ | 17 – 3 = ____ |

| 15 – 4 = ____ | 16 – 2 = ____ |

| 15 – __ = ____ | ____ – __ = ____ |

(7)

–	3	2	1
17	14		
15			

–	2	4	3
16			
14			

Legen und rechnen mit Geld

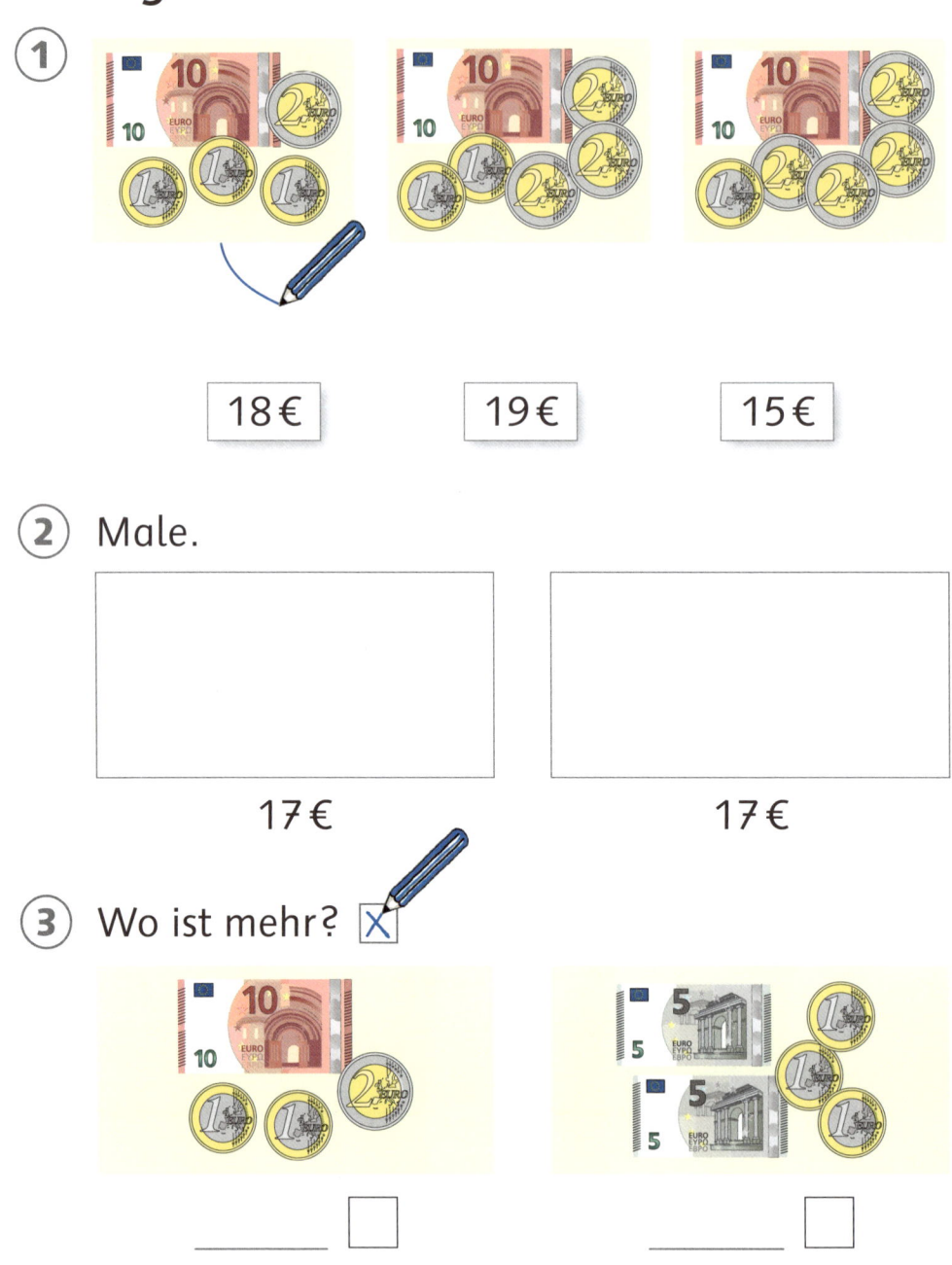

1

18 €   19 €   15 €

2 Male.

17 €   17 €

3 Wo ist mehr? ☒

_____ ☐   _____ ☐

Sachrechnen mit Geld

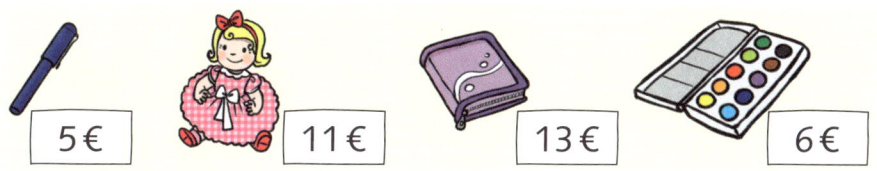

5 €   11 €   13 €   6 €

(1) Wie viel kostet es? Male.

5

_____ €   _____ €

(2) Wie viel kostet es zusammen? Male.

_____ €   _____ €

Quadrat, Rechteck, Dreieck und Kreis

1

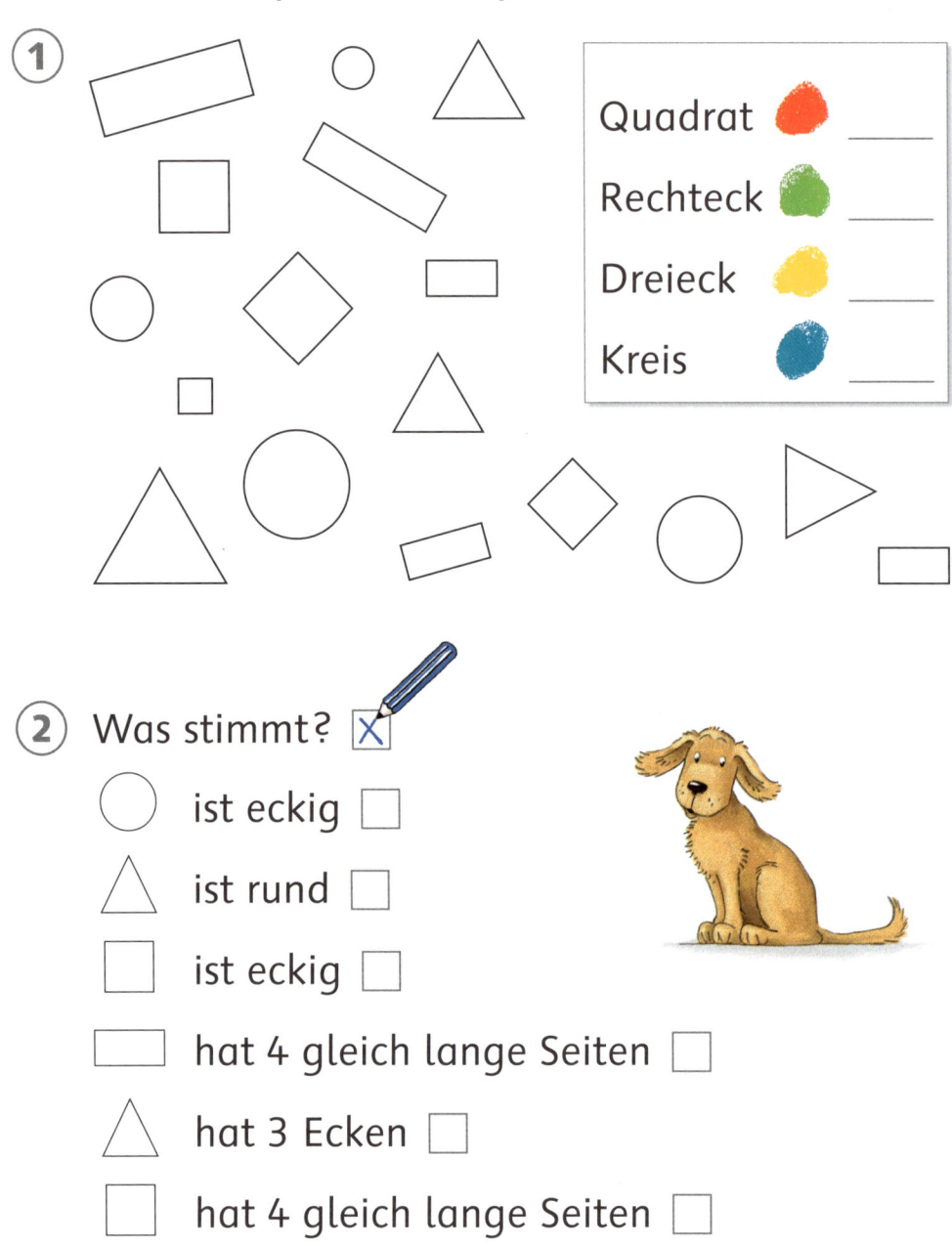

Quadrat 🔴	_____
Rechteck 🟢	_____
Dreieck 🟡	_____
Kreis 🔵	_____

2 Was stimmt? ☒

○ ist eckig ☐

△ ist rund ☐

☐ ist eckig ☐

▭ hat 4 gleich lange Seiten ☐

△ hat 3 Ecken ☐

☐ hat 4 gleich lange Seiten ☐

Figuren legen

1 Trage ein.

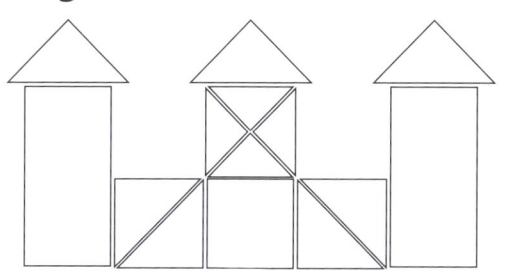

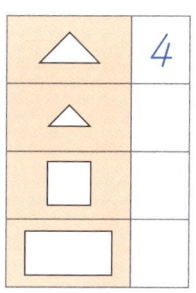

2 Ordne A, B und C zu.

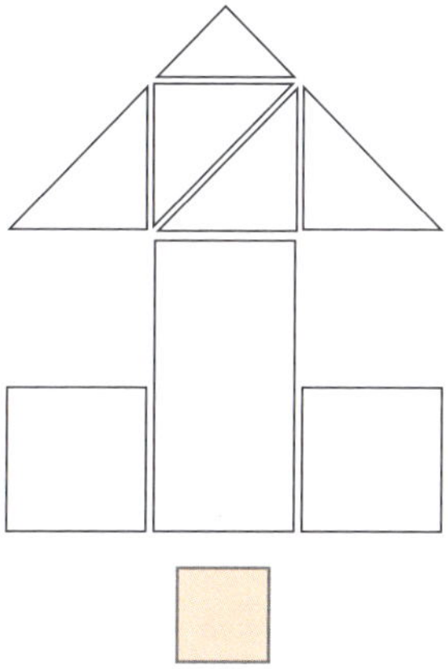

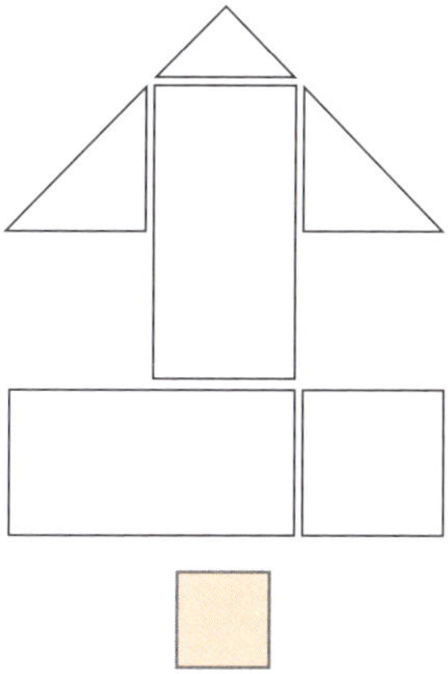

	A	B	C
□	2	1	3
▭	1	2	1
△	4	2	2
△	1	1	1

Muster und Formen

(1) Setze fort.

(2) Erfinde eigene Muster.

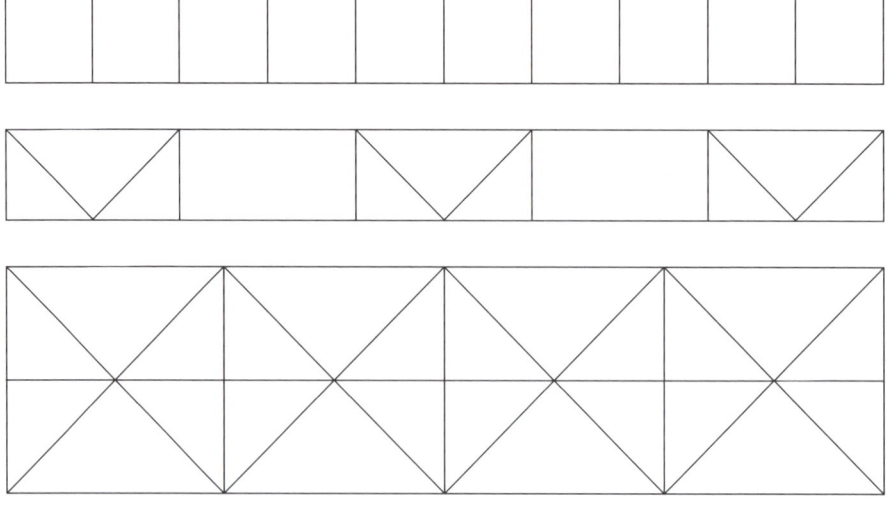

Vorbereitung des Zehnerübergangs

1 Immer 10.

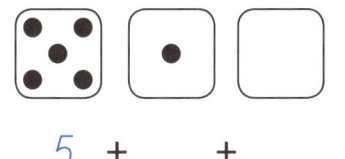

_5_ + __ + __   __ + __ + __

__ + __ + __   __ + __ + __

2
2 + __ = 10   10 − __ = 4

5 + __ = 10   10 − __ = 8

9 + __ = 10   10 − __ = 0

4 + __ = 10   10 − __ = 10

3
10 + 3 = ____   15 − 5 = ____

10 + 6 = ____   17 − 7 = ____

10 + 7 = ____   11 − 1 = ____

10 + 8 = ____   18 − 8 = ____

Addieren mit Zehnerübergang

(1)

7 + ___ = _____

8 + 3 = _____

(2)

6 + ___ = _____

7 + 6 = _____

(3)

7 + 2 = _____	8 + 4 = _____	9 + 2 = _____
7 + 3 = _____	8 + 5 = _____	9 + 3 = _____
7 + 4 = _____	8 + 6 = _____	9 + 4 = _____
7 + 5 = _____	8 + 7 = _____	9 + 5 = _____

(4)

8 + 3 = _____	7 + 7 = _____
8 + 8 = _____	6 + 5 = _____
9 + 8 = _____	8 + 7 = _____
7 + 6 = _____	9 + 9 = _____

(5) TIPP
7 + 9 = 16,
denn
7 + 10 = 17

$7 + 9 =$ ____ $8 + 9 =$ ____

$6 + 9 =$ ____ $5 + 9 =$ ____

$9 + 9 =$ ____ $4 + 9 =$ ____

(6) $3 + 7 =$ ____ $4 + 8 =$ ____ $7 + 7 =$ ____

$8 + 3 =$ ____ $6 + 5 =$ ____ $5 + 8 =$ ____

$2 + 9 =$ ____ $9 + 7 =$ ____ $4 + 7 =$ ____

(7) Vorsicht,
4 Fehler!

$5 + 8 = 13$ ____ $6 + 9 = 16$ ____

$7 + 4 = \cancel{12}$ *11* $4 + 8 = 12$ ____

$3 + 8 = 11$ ____ $7 + 8 = 15$ ____

$9 + 9 = 19$ ____ $7 + 7 = 16$ ____

(8)

+	3	4	5
7			
8			
9			

+	5	7	9
8			
6			
4			

Subtrahieren mit Zehnerübergang

1

12 − ___ = ___

11 − ___ = ___

2 Male und rechne.

14 − 5 = ___

13 − 6 = ___

3

14 − 3 = _____   18 − 9 = ___   13 − 4 = ___

14 − 4 = _____   16 − 8 = ___   13 − 7 = ___

14 − 5 =   ___   14 − 7 = ___   14 − 8 = ___

14 − 6 =   ___   12 − 6 = ___   15 − 9 = ___

4

11 − 4 = ___   12 − 3 = ___

13 − 5 = ___   12 − 9 = ___

14 − 8 = ___   11 − 6 = ___

17 − 9 = ___   15 − 8 = ___

(5)

TIPP
17 − 9 = 8,
denn
17 − 10 = 7

$17 - 9 =$ ___ $16 - 9 =$ ___

$13 - 9 =$ ___ $12 - 9 =$ ___

$15 - 9 =$ ___ $14 - 9 =$ ___

$13 - 8 =$ ___ $12 - 8 =$ ___

(6)

$13 -$ ___ $= 10$ $13 -$ ___ $= 6$ ___ $- 9 = 9$

$17 -$ ___ $= 10$ $15 -$ ___ $= 7$ ___ $- 6 = 5$

$19 -$ ___ $= 10$ $12 -$ ___ $= 8$ ___ $- 5 = 7$

(7)

Vorsicht,
4 Fehler!

$12 - 4 = 7$ 8 $17 - 8 = 9$ ___

$14 - 7 = 7$ ___ $13 - 8 = 6$ ___

$19 - 9 = 9$ ___ $16 - 8 = 8$ ___

$13 - 7 = 6$ ___ $15 - 6 = 8$ ___

(8)

−	4	5	6
11			
13			
15			

−	5	7	8
12			
14			
16			

Gerade und ungerade Zahlen, Aufgabenfamilien

(1) Male an.

Gerade Zahlen ■ und ungerade Zahlen ■

(2) Ergänze die Aufgabenfamilien.

$8 + 4 =$ ___

___ $+$ ___ $=$ ___

___ $-$ ___ $=$ ___

___ $-$ ___ $=$ ___

___ $+$ ___ $=$ ___

___ $+$ ___ $=$ ___

___ $-$ ___ $=$ ___

___ $-$ ___ $=$ ___

Übungen zur Addition und Subtraktion

(1) Rechne weiter.

7 + 6 = _____

8 + 7 = _____

9 + ___ = _____

_____ + ___ = _____

13 − 4 = ___

14 − 5 = ___

15 − ___ = ___

_____ − ___ = ___

(2)

+	4	7	
7			16
9			

−	6	7	
12			4
14			

(3)

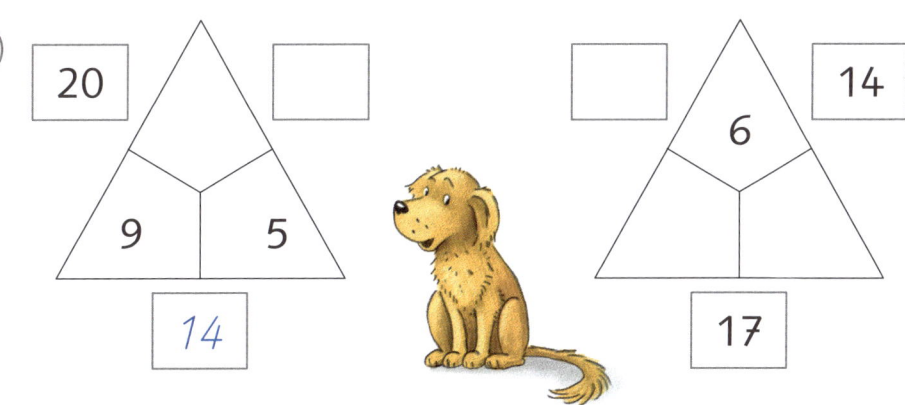

20   [ ]

9   5

14

[ ]   14

6

17

Rechnen mit 3 und mehr Zahlen

1 Rechne geschickt. Male an.

$\underline{4}$ + $\underline{6}$ + ___ = _____

_____   _____

2 Was rechnest du zuerst? Male an.

$8 + 4 + 2 =$ _____ $5 + 4 + 5 + 5 =$ _____

$5 + 7 + 3 =$ _____ $1 + 3 + 9 + 6 =$ _____

3
$5 + 5 + 2 =$ _____ $14 - 4 - 3 =$ ___

$5 + 6 + 4 =$ _____ $13 - 6 - 3 =$ ___

$7 + 4 + 3 =$ _____ $16 - 6 - 5 =$ ___

$2 + 7 + 3 =$ _____ $15 - 9 - 5 =$ ___

Zahlenmauern

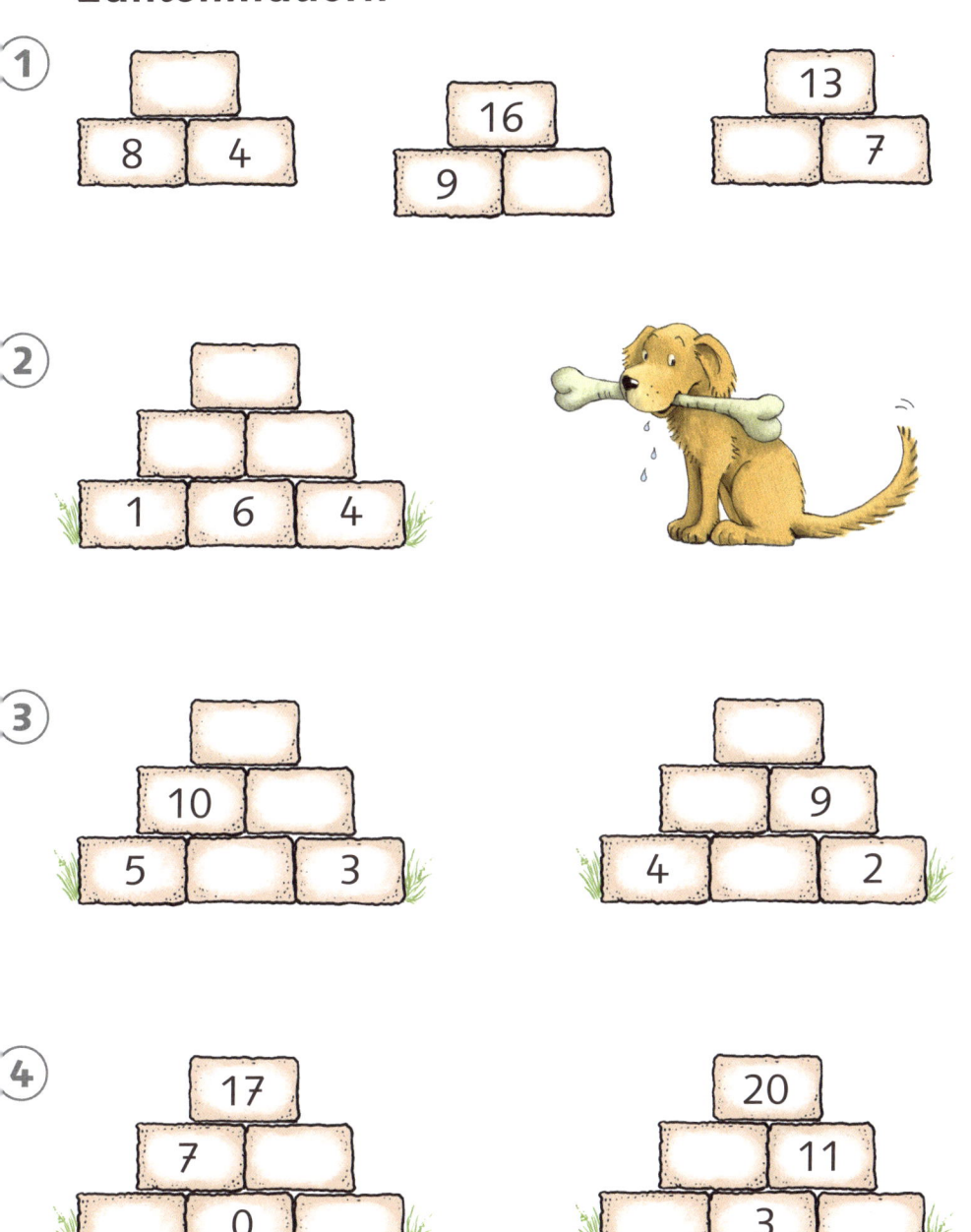

1

8	4

16	
9	

13	
	7

2

1	6	4

3

10	
5		3

	9
4		2

4

17	
7	
	0	

20	
	11
	3	

Sachrechnen mit Geld

| 11 € | 7 € | 14 € |

Lara hat

Sie kauft

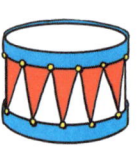

Sie hat noch

_____

Ali hat

Er kauft

Er hat noch

_____

②

> Ich kaufe mir
> ein Buch.
> Ich bezahle mit .
> 7 € bekomme ich
> zurück.

Das Buch hat _____ gekostet.

Rechengeschichten

1 Im Baumarkt sind _____ , _____

und _____ .

Wie viele sind es zusammen?

_____

Zusammen sind es _____ .

2 Erfinde eine Rechengeschichte.

_____

_____

_____

_____

Erfahrungen mit dem Spiegel

1 Nimm einen Spiegel.
Was kannst du zaubern? ☒

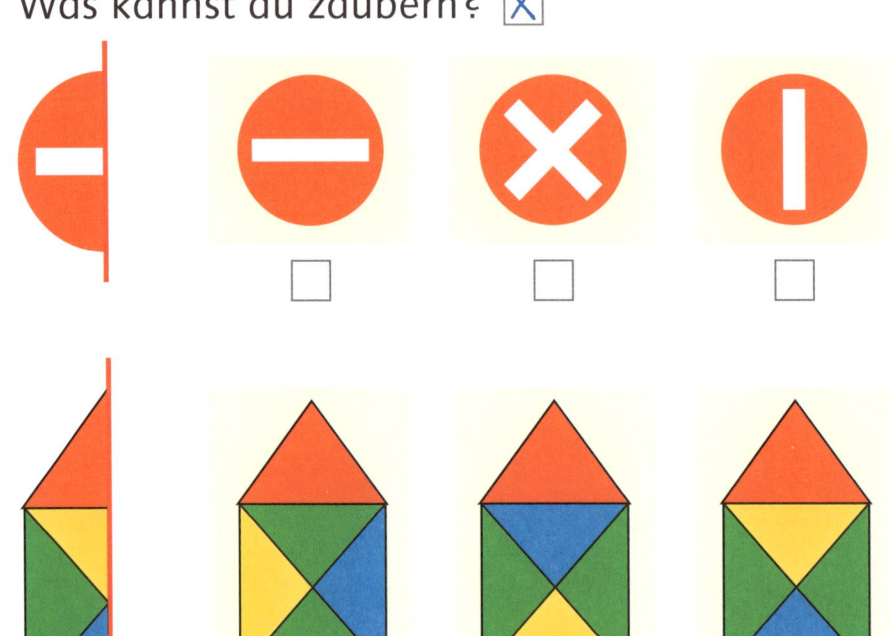

| ☐ | ☐ | ☐ |

2

| ☐ | ☐ | ☐ |

3 Was kannst du mit dem Spiegel zaubern? ☒

| ☐ | ☐ | ☐ |

Bild und Spiegelbild

(1) Finde das Spiegelbild. ☒

☐ ☐ ☐

(2) Finde das Spiegelbild. ☒

☐ ☐ ☐

(3) Finde das Spiegelbild. ☒

☐ ☐ ☐

Symmetrie

1 Welches Schild ist symmetrisch?

☐   ☐   ☐   ☐

☐   ☐   ☐   ☐

2 Spiegle und male.

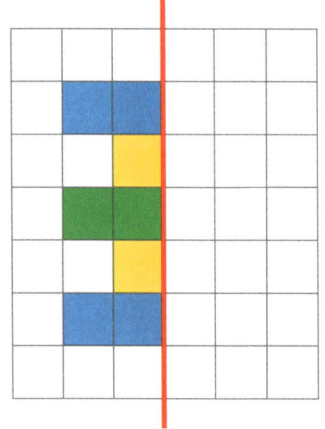   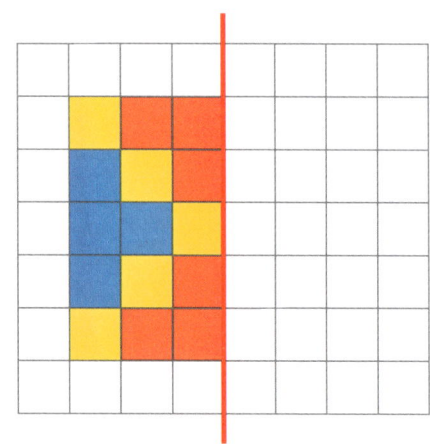

Übungen zur Addition und Subtraktion (I)

1 Rechne und male.

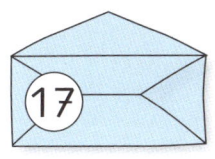  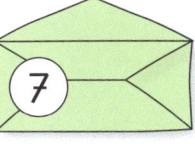

14 − 7	11 + 0	18 − 7	_____
12 + 5	2 + 5	16 − 9	18 − 1
9 + 2	8 + 9	_____	_____

2 Wie rechnest du? Male passend an.

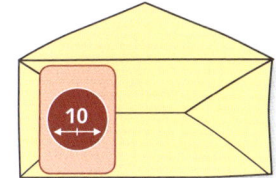  

7 + 6 = ____	14 − 7 = ___	8 − 4 = ___
10 + 5 = ____	13 − 6 = ___	5 + 6 = ____
20 − 9 = ____	5 + 2 = ___	8 + 8 = ____
_____	_____	_____

Übungen zur Addition und Subtraktion (II)

1

8　6　14

$8 + 6 = \underline{\qquad}$

$\underline{\quad} + \underline{\quad} = \underline{\qquad}$

$\underline{\qquad} - \underline{\quad} = \underline{\quad}$

$\underline{\qquad} - \underline{\quad} = \underline{\quad}$

9　11　___

$\underline{\quad} + \underline{\quad} = \underline{\quad}$

$\underline{\quad} + \underline{\quad} = \underline{\quad}$

$\underline{\quad} - \underline{\quad} = \underline{\quad}$

$\underline{\quad} - \underline{\quad} = \underline{\quad}$

2 Was rechnest du zuerst? Male an.

$7 + 4 + 3 = \underline{\qquad}$

$6 + 8 + 2 = \underline{\qquad}$

$1 + 5 + 9 = \underline{\qquad}$

$6 + 6 + 5 = \underline{\qquad}$

$3 + 8 + 8 = \underline{\qquad}$

$9 + 0 + 9 = \underline{\qquad}$

3

+	6	5	
4			
6			
10			18

−	9	8	
20			
18			
16			10

Vorsicht, 4 Fehler!

$9 + 6 = 15$ ___ $15 - 8 = 9$ ___

$8 + 7 = \cancel{14}$ _15_ $18 - 9 = 9$ ___

$9 + 8 = 17$ ___ $15 - 7 = 9$ ___

$6 + 5 = 12$ ___ $14 - 8 = 6$ ___

(5)

(6)

(7)

Ungleichungen

1 Wie viele Plättchen können in der anderen Hand sein?

Ich habe insgesamt weniger als 8 Plättchen.

4 + _3_ < 8

4 + __ < 8

4 + __ < 8

4 + __ < 8

2 Trage passende Zahlen ein.

14 > 9 + __   12 < 6 + __

14 > 9 + __   12 < 6 + __

14 > 9 + __   12 < 6 + __

14 > 9 + __   12 < 6 + __

3 Rechne und male.

 < 13    = 13   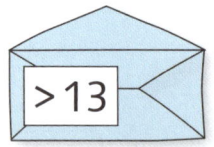 > 13

| 9 + 2 | 9 + 6 | 17 − 5 | 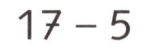 |
| 6 + 7 | 16 − 4 | 8 + 7 | 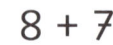 |

Sachrechnen und Kombinatorik

(1)

Lara hat 8 Bücher.
Zum Geburtstag
bekommt sie 4 Bücher
geschenkt. Nun hat
Lara ___ Bücher.

Nina hat 17 €.
Sie kauft sich ein
Märchenbuch
für 9 €. Nun hat
Nina noch ___ €.

Ali sagt: „Ich habe 16 Sticker. Die
Hälfte schenke ich meinem Freund."
Ali hat noch ___ Sticker.

(2) Simon darf sich 2 Bälle kaufen.
Welche Möglichkeiten hat Simon?
Male an.

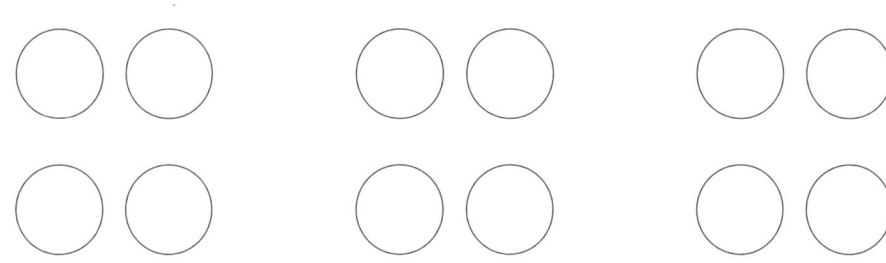

Tagesablauf und Uhrzeiten

(1) Verbinde.

| 5 Uhr |
| 17 Uhr |
| 11 Uhr |
| 14 Uhr |

(2) Es ist am Vormittag.
Schreibe die Uhrzeiten auf.

_____ Uhr   _____ Uhr   _____ Uhr

(3) Schreibe beide Uhrzeiten auf.

_____ Uhr   _____ Uhr   _____ Uhr

_____ Uhr   _____ Uhr   _____ Uhr

Wochentage

(1) Schreibe die Namen der Wochentage auf.

Montag, _____ , _____ ,

Donnerstag, _____ ,

_____ , _____

(2) An welchem Tag ist es?

Montag	Dienstag	Mittwoch	Donnerstag	Freitag	Samstag	Sonntag
Sport-fest	_____	Tennis	_____	Reiten	Besuch Anita	_____

Sportfest: _____

Besuch Anita: _____

Tennis: _____

Reiten: _____

(3) Ergänze die Wochentage.

Heute ist _____ .

Gestern war _____ .

Morgen ist _____ .

Der 5. Mai ist in diesem Jahr _____ .

Silvester ist in diesem Jahr _____ .

Daten erheben und darstellen

1 Klasse 1 hat eine Umfrage gemacht.
Ergänze die Tabelle.

Haustiere Klasse 1		
Hund	卌 II	7
Katze	卌	___
Hamster	IIII	___
keines	卌 I	___

2 Zeichne das Schaubild.

Haustiere Klasse 1

Zeit und Kalender

Rechnen mit Zehnerzahlen

1

——————   ——————

2 Wie viele Punkte?

——————   ——————   ——————

3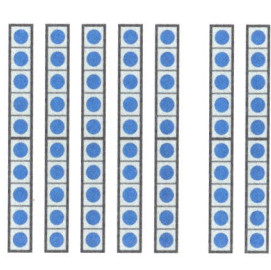

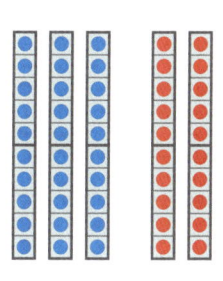   

3 + 2 = ___   3 − 2 = ___

30 + 20 = ____   30 − 20 = ____

Reise in die Klasse 2

1

Koffer: 15 | 9 | 20

0 + 9   17 − 8   6 + 9   17 − 2

7 + 8   20 − 0   9 + 11   15 − 6

2

16 + 3 = _____

17 − 4 = _____

_____

8 + 6 = _____

14 − 5 = _____

_____

8 + 8 = _____

14 − 7 = _____

_____